这就是中国历史

明
长城拱卫的文明

何孝荣 主编

化学工业出版社
·北京·

图书在版编目（CIP）数据

这就是中国历史.明：长城拱卫的文明/何孝荣主编.—北京：化学工业出版社，2020.6（2024.8重印）
ISBN 978-7-122-36464-7

Ⅰ.①这… Ⅱ.①何… Ⅲ.①中国历史-明代-少儿读物 Ⅳ.① K209

中国版本图书馆CIP数据核字（2020）第043912号

责任编辑：丁尚林　马羚玮　　　　　　　　　　　　装帧设计：尹琳琳
责任校对：王素芹

出版发行：化学工业出版社（北京市东城区青年湖南街13号　邮政编码100011）
印　　装：中煤（北京）印务有限公司
787mm×1092mm　1/16　印张12　字数177千字　2024年8月北京第1版第10次印刷

购书咨询：010-64518888　　　　　　　售后服务：010-64518899
网　　址：http://www.cip.com.cn
凡购买本书，如有缺损质量问题，本社销售中心负责调换。

定　　价：39.80元　　　　　　　　　　　　　　　　　　　版权所有　违者必究

目录 contents

导读　历史是这样的......1

一统天下......2
明朝初立............ 2
乞丐皇帝............ 8
大脚贤后马秀英............ 11
一统天下刘伯温............ 15
明初大军远征大漠............ 22

明初之乱......27
最后一个丞相............ 27
建文帝的忧虑............ 32
燕王造反............ 36
明成祖迁都北京............ 40

永乐盛世......45
明成祖北伐............ 45
明初才子解缙............ 48
郑和与他的舰队............ 51
仁德之君朱高炽............ 58
盛世之君朱瞻基............ 60

俘虏皇帝......64
明英宗朱祁镇............ 64
皇帝做了俘虏............ 70
两袖清风的于谦............ 73

皇位之争 79
- 皇权的诱惑 79
- 第二次当皇帝 83
- 明宪宗和万贵妃 88
- 被太监养大的皇帝 92
- 明朝才子唐伯虎 95

"心学"创立 100
- 爱玩的皇帝明武宗 100
- 一代圣贤王守仁 107
- 皇帝的父亲 111
- 道士皇帝嘉靖 115
- 宫女谋杀皇帝 117

朝廷斗争 120
- 奸臣严嵩 120
- 民族英雄戚继光 124
- 备棺上书的海瑞 128

盛极而衰 134
- 隆庆皇帝宽厚睿智 134
- 毁誉参半张居正 139

文化繁荣 146
- 《水浒传》...... 146
- 《三国演义》...... 150
- 《西游记》...... 152
- 引进西学的徐光启 157
- 变成了昏君 160

明朝灭亡 167
- 大明军队支援朝鲜 167
- 木匠皇帝朱由校 170
- 九千岁魏忠贤 173
- 明朝最后的皇帝 177
- 不一样的袁崇焕 182

历代帝王世系表 188

历史是这样的

朱元璋真的是乞丐吗？

郑和为什么要下西洋？

戚继光到底有多厉害？

如果你有过这些疑问和思考，那么非常欢迎你和我们一起推开明朝历史的大门。

我们中华文明有着五千年悠久的历史，其中有很多有趣的故事，也有很多前人总结出来的经验和智慧。

学习这些历史不仅可以拓宽我们的视野，丰富我们的知识面，还能使我们更加明事理。

唐太宗曾说过："以史为镜，可以知兴替。"

哲学家培根也曾说过："读史可以使人明智。"

为了方便小读者们了解真实的历史脉络，对历史产生兴趣，我们联合了众多历史学者特意编撰了这本《这就是中国历史——明》，见证长城拱卫之下的大明天下。

一统天下

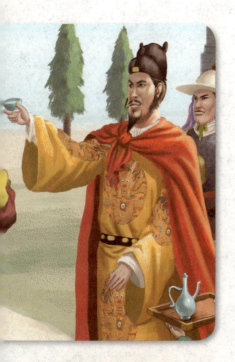

乞讨流浪僧出身的朱元璋在元末乱世中脱颖而出，先是投奔义军郭子兴起家，然后在李善长、刘伯温、徐达、汤和等一众谋士和将领的辅助下，先后打败了张士诚、陈友谅等反元集团，又一举推翻元朝的统治，建立了明朝。

明朝建立后，朱元璋派兵远征大漠草原，彻底摧毁了元朝的最后残余势力，一统天下。

 ## 明朝初立

朱元璋，原名朱重八，出生在贫农之家。据说他出生那天，他父母所居住的小破房子上空火光冲天，村子里的乡亲们以为他们家着火了，纷纷赶来救火，却听见一阵哇哇的啼哭声，坐在旁边的朱五四却哈哈地笑个不停。于是大家明白，朱五四家里又添了一个张嘴要吃饭的孩子。

朱元璋从小就在这样一个环境中顽强地生长着，七八岁的时候就去给地主放牛，他把牛放到枯黄的草地上找草吃之后，便带着一群孩子玩着过家家当

知识链接

朱重八名字的来历

据传说，元朝的普通百姓不允许有姓名，只能用父母的年岁相加、出生的日期或者行辈来做称呼。

他的爸爸叫做朱五四，名字都跟数字有关。可能朱元璋出生时父母年龄相加刚好八十八岁，所以叫重八。

不过根据考证，朱重八的名字是因为他这一辈是重字辈，朱元璋排行老八，所以叫做朱重八。

一统天下 | 明朝初立

皇帝的游戏，朱元璋在玩耍中，总是扮演皇帝，小伙伴们则扮演大臣、将军。在热热闹闹的游戏中，朱元璋培养出敢作敢当、识人用人的领导能力。

朱元璋十几岁时，家乡突发的旱灾，使朱元璋的家里发生了大变故，他的父母和两个哥哥相继饿死，只剩下他和二哥还有口气在。朱元璋此时的心情已经无法用悲痛形容了，于是兄弟二人掩埋了亲人，各谋出路，朱元璋最终去皇觉寺当了和尚。

茅草屋是古代最平常的住房，那时候只有富裕人家才住得起瓦房

过去，一些大户人家专雇一个大孩子放牛或马，所以有"放牛娃""放马倌"的称呼，放牧也叫"放青"

朱元璋当和尚并不是对佛教有什么虔诚的信仰，只是为了吃饭，为了活命。可是当了和尚后，他才发现，做一个小和尚比要饭的乞丐好不到哪里去，他不仅要做很多杂事，最后还不得不出去化缘，也就是讨饭。

朱元璋是个有心人，他边要饭边考察研究各地的河流、山脉、风土人情，一路上还结识很多豪杰。长期艰难困苦的生活磨炼了他的意志，为他以后驰骋于血雨腥风的战场，储备了宝贵的经验和人脉。

等到朱元璋再次回到皇觉寺的时候，天下已经大乱了，全国各地和他同样被元朝政府压榨得吃不饱饭，只是还没有饿死的人，举行了几十起大规模的暴动。

出家当和尚的人一般都要剃光头发

乞丐，也称"乞儿""叫花子"，是以乞讨求食为生的一个特殊群体，这一行可以说自古有之

他们手中的锄头、扁担、铁锹，过去是他们赖以生存的农具，现在却成了武器。

朱元璋小时候的朋友汤和写信给他，要朱元璋和他一起去投奔起义军，朱元璋拿不定主意，偷偷把信烧了，可没想到居然被别人知道了。心急火燎的朱元璋找人算了一卦，卦象显示，造反大吉。没办法，反就反了吧。

朱元璋去投奔了汤和所属的起义军领袖——濠州城的郭子兴。当时郭子兴被元军围困，就快坚持不住了，手下的兵是跑得跑，逃得逃。朱元璋这个时候竟然说是来投奔的，郭子兴一时信不过，就让人将他赶走。可是他刚一走，郭子兴又叫他回来问他来历，后来听说他是汤和介绍来的，才知道他确实是来投奔的。

朱元璋在郭子兴手下干得非常出色，展现出了自己卓绝的军事才能，深受郭子兴的器重，郭子兴还把自己的养女马秀英嫁给了他。

可是常言说得好，一山不容二虎，郭子兴见朱元璋渐渐赢得了手下人的拥戴，就容不下他了。有一次，郭子兴一生气，把朱元璋关了起来，幸亏妻子马秀英从中斡（wò）旋，郭子兴才把朱元璋放了。

这件事后，朱元璋知道，再留在郭子兴身边，没准哪天就完蛋了。于是朱元璋向郭子兴申请带兵出征。

郭子兴同意了，给了朱元璋一支人马。可是朱元璋觉得这么点兵马远远不够。他听说，附近的张家堡驴牌寨有一支三千人的部队，现

> **知识链接**
>
> **元末农民起义**
>
> 元朝末年，因为吏治腐败，贪官污吏对百姓的剥削十分严重，加上黄河泛滥，连年饥荒，百姓处于水深火热之中。这时韩山童与刘福通等人在各地号召百姓起义，反抗朝廷。因为起义军将士个个佩戴红巾，所以被称为"红巾军"。郭子兴带领的起义军也是红巾军中的一支。

▼ 明孝陵

▲ 朱元璋

在孤立无援，于是他打起了这支部队的主意。他亲自来到驴牌寨，恰好寨主是郭子兴的旧相识，那就好办了，客套话说够以后，朱元璋说明了来意，说他愿意接收这支部队，好处自然是少不了的。寨主也是个痛快人，当时就答应了。但三天过后，等朱元璋去接收军队的时候，寨主又反悔了，来个死不认账，朱元璋也不是吃素的，摆了个鸿门宴，寨主还没吃上一口饭，就被朱元璋绑了起来，三千兵马全部被收编。后来朱元璋又招降了其他山寨的八百兵士。

朱元璋凭借着自己的能耐，对各地小股兵马能收的收，不能收的就打，打了再收，慢慢地他的部队也成了规模。他还收用了很多将才，比如以后明朝著名的大将常遇春、徐达等。此间，他还遇见了当时的一位高人李善长，让李善长做了他的幕僚，李善长让他学汉高祖刘邦，知人善任，不要乱杀人。朱元璋采纳了他的建议，起义队伍不断壮大起来。

当时在中华大地上活跃着很多支起义军，这些起义军既与元朝军队作战，也互相攻打。处于这样的乱世，朱元璋有他自己的谋略。他采纳他的谋士朱升的主张，"高筑墙，广积粮，缓称王"，韬光养晦，积蓄实力，逐渐巩固了自己的势力。

常言道，树大招风，朱元璋的力量太强大了，不仅元朝政府视他为眼中钉，其他几支起义军的首领也敌视他，其中包括势力强大的张士诚和陈友谅。

知识链接

以少胜多的战役

鄱阳湖大战是朱元璋与陈友谅为争夺鄱阳湖水域展开的一场大战，以朱元璋胜利告终。

这场战役为朱元璋统一江南奠定了基础，也是历史上以少胜多的经典战役。

其他以少胜多的战役包括淝水之战、官渡之战、赤壁之战等。

一统天下 | 明朝初立

陈友谅大举进攻朱元璋，朱元璋采取诱敌深入的战略，在鄱阳湖大败陈友谅，陈友谅本人也中箭而死。不久朱元璋又灭掉了张士诚。朱元璋还发兵北上征讨元朝政府，占领了北方大片地盘。

公元1368年，朱元璋在一片凯歌声中于南京称帝，建国号为明，年号洪武。从此，中国历史上出现了一个崭新的明王朝。朱元璋就是明朝的开国皇帝，在历史上被称作明太祖。不久明军攻陷大都，元顺帝逃跑，统治中国近一百年的元朝最终被明朝取代。

刘邦是汉朝第一位皇帝，对中国的统一和汉族的发展做出了巨大的贡献

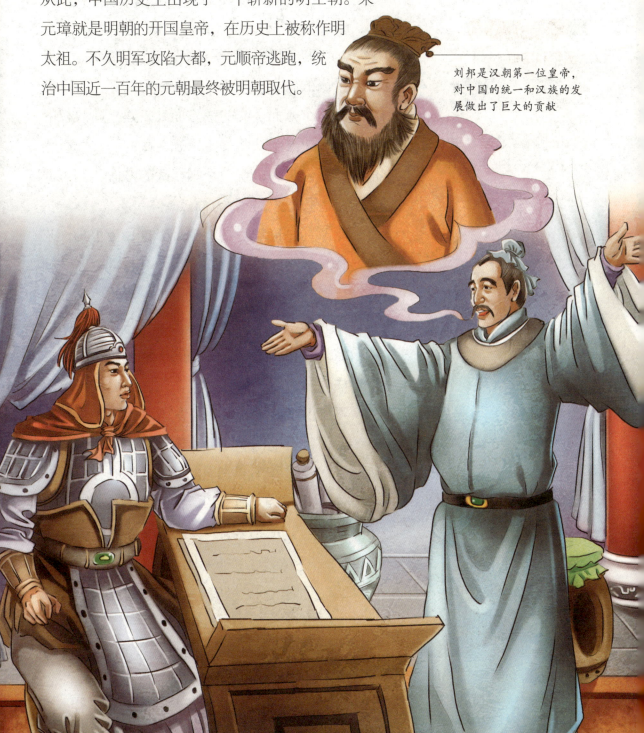

乞丐皇帝

俗话说，打天下容易，坐天下难。朱元璋深知这个道理，建立了明朝之后，他励精图治，为保住刚刚得来的政权可努力了。朱元璋的努力可以分为文和武两个方面。文的一方面就是建立新政权的各项制度，让天下从此安定下来；武的一方面就是打击元朝残余势力，统一全国。武的方面我们下面再讲，在这里先讲文的那方面。

朱元璋首先论功行赏，任命李善长为丞相，宋濂为翰林院学士，其他的功臣也各有封赏，出任朝廷各个部门的官吏。可是好景不长，朱元璋对那些才智过人的功臣渐渐不放心起来，有的功臣也确实居功自傲，比如后来出任丞相的胡惟庸大权独揽，横行不法。朱元璋就大开杀戒，先后掀起几次镇压运动，不仅仅杀掉了胡惟庸等乱国之臣，连李善长等很多开国贤臣也死于非命。朱元璋因此成为与汉高祖刘邦齐名的滥杀功臣的皇帝。刘邦杀功臣，只杀武将，不杀文官，朱元璋是文官、武将都杀，而且有牵连的人都杀，下手比刘邦更狠。

为了加强皇权，防止大臣权力过大，朱元璋干脆废除了丞相一职，自己兼任了。在地方上他还废除了元朝的行省制度，让在各地掌管行

知识链接

丞相和宰相

丞相，中国古代官名，一般是指皇帝之下的权力最高的行政官员，其主要职能是辅佐皇帝处理朝政，统领百官，也可以称为百官之长。自朱元璋废除丞相一职后，中国延续约 1600 年的丞相职位彻底消失。

而宰相指的是一种制度，是那些辅佐天子的、掌管国事的最高官员们的统称，这其中就包括丞相、大司徒，也包括尚书、中书令、军机大臣等。

▼ 明代飞鱼服

政的、掌管军权的、掌管司法的大臣各司其职。他不放心大臣们，可是却非常信任自己家里人，他先后分封自己的几个儿子为藩王，镇守一方。

为了巩固政权，他设立了特务机构"锦衣卫"，由皇帝直接管辖。锦衣卫的权力很大，有侦察、缉捕、审判、处罚的权力，还有自己的法庭和监狱（诏狱）。在现代影视剧里，有很多关于明朝题材的电视电影，我们印象最深的就是锦衣卫和宦官，没错，就是这个锦衣卫。他们在皇帝授予的特权下干了大量坏事，可是在朱元璋眼里，他们却是保住朱家江山所不可缺少的。

朱元璋出身贫苦，从小饱受贪官污吏的压榨剥削，一直视贪官污吏为敌对的一伙儿，现在他当了皇帝，仍然痛恨贪官污吏。要知道，朱元璋的父母可是让贪

锦衣卫首领被称为锦衣卫指挥使，享有正三品官衔，多是皇帝的亲信，直接为皇帝负责

官污吏给间接害死的。大旱灾的那年，要不是那些个贪官污吏克扣发给他父母的赈灾粮食，说不定他父母还饿不死呢。朱元璋这个恨啊，曾对大臣说过这样的话："从前我还是老百姓的时候，见到贪官污吏对民间疾苦丝毫不理，心里恨透了他们，今后要立法严明，遇到有敢于危害百姓的贪官，绝不宽恕。"他说到做到，治理起贪官来那可是真狠啊！

朱元璋颁布了有史以来最为严厉的肃贪法令：贪污六十两以上银子者，立杀！

朱元璋处置贪腐的决心是坚定的，力度是空前的，他在位的三十一年，大规模反贪就有六次，杀掉的贪官污吏有十几万人之多。

对于老百姓来说，朱元璋真的是一个好皇帝，他在位期间勤政节俭，轻徭薄赋，休养生息，兴修水利，为老百姓办了不少好事。因为他是民间来的，知道民间的疾苦，自己也以身作则，从来不铺张浪费，甚至早饭都是一个蔬菜加一道豆腐，还在后宫开了一片菜地，自己种菜，真是好农民。朱元璋的轿子上龙的装饰，该用金的地方，他让人改成铜的，这么"抠门"的皇帝，历史上也是不多见的。

朱元璋读的书不多，但是他很重视教育，建国之初他就采取了一系列措施，兴建学校，选拔教官，而且把教育当做考核官员的一项基本政策。洪武三年，明朝举办了第一次科举考试，通过考试成绩来选拔官员。

经过这一番努力，大明的江山总算稳定下来了。

> **知识链接**
>
> **空印案**
>
> 明朝时，每年地方都会派人到户部报告钱粮账目，按照规定必须账物相符才能与户部完成结算。如果账物不符必须驳回地方重新造册，并且必须盖上原地方机关大印。因为当时交通并不发达，往来路途遥远，如果发回重新造册势必耽误相当多的时间，所以地方官员都备有事先盖过印信的空白文书，如果到了户部发现数字不对，他们就重新填写一份，这样就省去了车马的劳累。可朱元璋知道后认为这是官员们相互勾结、徇私舞弊的惊天大案，于是一声令下，全国与此事相关的大小官员，不论清贪良莠全部治罪处死。

朱元璋仍然没有懈怠，他继续拼命干，一生勤于政事。朱元璋贫民出身，靠自己的努力建立了明朝，安定了天下，开创了明初的一代盛世，算得上是中国历史上杰出的君主之一了。

大脚贤后马秀英

朱元璋的皇后叫马秀英，也是朱元璋唯一的皇后，朱元璋后宫佳丽无数，但皇后从始至终都是马皇后一人。倒不是朱元璋有多么专情，而是马皇后确实是一位史上少有的贤德的好皇后。

马皇后从小父母双亡，被郭子兴收为养女，她天生聪慧，知书识礼，很受郭子兴的喜爱，她从小没有裹脚，生就一双天足，这也是"大脚皇后"之名的由来。

朱元璋在郭子兴手下的时候，郭子兴见朱元璋很有能力，是个潜力股，将来对他的事业会有帮助，就想笼络他，把马秀英嫁给了朱元璋。那时朱元璋还一无所有，但马秀英一点都不在乎，全心全意地帮助朱元璋，做他的贤内助。

在朱元璋领兵征战的年代，马秀英和他一起出生入死。她虽然是个女子，却有一般男子所没有的胆识，在陈友谅进攻龙湾时，她组织妇女为军队的士兵缝补衣物，并把自己的所有财物首饰拿出来犒劳士兵，稳定军心。

知识链接

马皇后与烧饼

马皇后是朱元璋在郭子兴门下的时候，由郭子兴牵线结为夫妻的，相传因为朱元璋能力太强，所以郭子兴的儿子很是嫉妒，就找个借口把朱元璋关进大牢，不给他饮食。作为朱元璋妻子的马秀英不但不怕受到牵连，还偷偷地把刚烙热的烧饼放在怀里给朱元璋送去，为此把胸口都烫伤了。朱元璋知道后为此感动不已，所以马皇后逝世后，朱元璋再没立过皇后。

▲ 明代腰牌

即使在大富大贵的时候,她也保持了简朴的作风,以身作则,对自己的儿孙慈爱,对宫里的嫔妃宽容。她善待宫里的每一个人,这都体现出她是一位善良、慈爱、胸怀博大的天下之母。

更难能可贵的是,在朱元璋坐拥天下,为了稳固他的统治地位,对那些有功之臣展开大规模屠杀的时候,马皇后为了保护那些功臣良将,在后宫对朱元璋婉言规劝,动之以情,晓之以理,保护了一些名臣良将,把他们从朱元璋的屠刀下救了出来。

宋濂是朱元璋手下的著名文臣,一位优秀的学者,可是他的孙子参与了胡惟庸谋反,朱元璋把退休了的宋濂抓了回来,要把他杀了。在此危急时刻,马皇后跪下来求朱元璋:"宋濂是太子的老师,平常老百姓家还尊敬老师,一日为师,终身为父,把尊师之礼奉行终生。我们是帝王之家,难道不应该做个榜样吗?何况宋濂的为人你是知道的,他有什么过错?他远在家中,对此事一无所知,难道就因为别人犯错他就要被牵连吗?"但是朱元璋正在气头上,根本听不进去。

晚饭时,朱元璋端起酒杯,却见马皇后默默地坐在那里,只给他布菜,自己却滴酒不沾,不进饭菜。他问:"皇后怎么不进酒肉?"马皇后看着他,眼中带泪:"宋濂不日就要问斩,臣妾在为他斋戒祈祷!"

朱元璋何尝不知道他做的事情有点绝呢,宋濂的为人,他比谁都清楚,看着自己的结发妻子,他突然心中凄凉,长叹一口气:"罢了!"于是他第

> **知识链接**
>
> **宋濂**
>
> 宋濂是元末明初的著名文学家,明太祖朱元璋称其为"开国文臣之首",和高启、刘基并称"明初诗文三大家"。
>
> 1381年,宋濂受胡惟庸案的牵连而被流放茂州,途中病死于夔州,享年七十一周岁。

▲ 明代架火战车(模型)

二天下旨，免去宋濂的死罪，放了他一条生路。

公元1382年，马皇后得了重病，朱元璋遍请名医，为皇后问诊开药。可是，药端到病榻前，马皇后却拒绝吃药，她心里知道，喝药后，如果她好了便万事大吉，如果药没有效果，她残暴的丈夫就会迁怒于医生，再次举起屠刀。她临终时对朱元璋说："希望陛下能够求取贤能的人，听取别人的意见，有始有终，愿您的子孙都很贤明，大臣和百姓都能有所依靠！"

吃斋，主要是禁止吃荤腥食品与五辛（葱，洋葱，蒜，大蒜，韭），而且吃斋要过午不食，即过了中午就不再吃饭了

马皇后去世后,朱元璋非常伤心,从此再也没有立皇后。

一统天下刘伯温

伯乐都喜欢千里马。1360年,朱元璋在应天听说乡下有个叫刘伯温(即刘基)的人,很有能力,据说此人上通天文,下通地理,博通经史,未卜先知,洞察古今,呼风唤雨,简直是上天入地,无所不能。这样的人才正是朱元璋需要的呀,便赶紧派人去请,还真请来了。

刘伯温家境不错,而且有深厚的家学渊源,祖辈中就有做官、做学问的,天文地理都有涉猎,所以刘伯温从小就天资聪颖,读晦涩难懂的四书五经也是七行俱下。古代的书是从上到下,从右到左的书写格式,刘伯温居然一眼看七行,而且看两遍就能背诵,简直就是神童!不仅如此,别人看不懂的书,他不仅能背诵,还能根据意思发表自己的见解,老师很是奇怪,以为他以前学过,又拿别的书来考他,他还是一样一看就能懂能背。老师心中暗自称奇:了不起,将来一定是个牛人。

刘伯温23岁中了进士,做了官。虽然他聪明又有能力,当官也能为民做主,是个不折不扣的清官,很受百姓爱戴,但是他自己却很不开心,因为元朝末年,官场腐败,他这样正直的人在官场很吃不开。

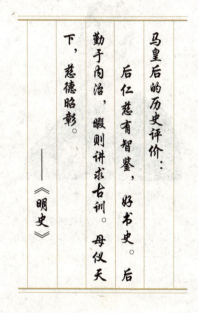

马皇后的历史评价:

后仁慈有智鉴,好书史。后勤于内治,暇则讲求古训。母仪天下,慈德昭彰。

——《明史》

知识链接

伯乐

伯乐原来是春秋时期著名的相马人,现在把善于识别人才的人称为伯乐。

这就是 中国历史 明

▲ 刘基

刘基字伯温，元末明初著名的军事家、政治家和文学家，明朝开国元勋。

知识链接

七行俱下

七行俱下是我国古代的一个成语，说的是读书可以同时读七行，比喻非常聪明。

在《南史·宋孝武帝纪》中就记载过这样一句话："少机颖，神明爽发，读书七行俱下，才藻美甚。"

所以他就辞了官，到各处游山玩水，和一些同样不得志的文人吟诗作画，消磨时光。

朱元璋派人去请他，但是刘伯温不去，因为他对当官没什么兴趣。朱元璋可不是刘备，不会三顾茅庐。不来？不来就抓来。刘伯温一看，不行，秀才遇到兵，有理说不清，还是聪明点吧，什么都没有生命可贵。从此他就做了朱元璋的谋士，朱元璋虽然不识字，但是看人的眼光还是很准的，在朱元璋打天下的时候，刘伯温给他出谋划策，朱元璋想到的，刘伯温都想到了，朱元璋想不到的，刘伯温也能想到。在与陈友谅作战时，因为陈友谅手下兵精粮足，当时很多人都认为朱元璋不是陈友谅的对手，只有刘伯温看出陈友谅是外强中干，不得人心，而只有得民心者才能得天下。他不仅给了朱元璋信心，还给朱元璋出主意，让康茂才诈降陈友谅，诱使陈友谅进入朱元璋的埋伏圈，最后大败而归。

在刘伯温和众多谋士，还有各路猛将的共同努力奋斗下，朱元璋于1368年在应天当上了皇帝。按理说刘伯温为朱元璋打天下可是立了汗马功劳的，虽然不像猛将常遇春、徐达等人在战场上拼死搏杀，但是，他运筹帷幄之中，决胜千里之外，这样的本事是别人没法比的。眼看着那些个将军谋士个个都封侯了，刘伯温的官位却比别人的低，和他的功劳很不匹配。为什么呢？不是朱元璋不给他，是他不要。他不以功高而自居，主动谦让，其中原因一方面是他淡泊名利，还有就是他太聪明了，知道伴君如伴虎，朱元璋只能共苦，不能同甘，他在给自己留后路，

等哪天朱元璋看他不顺眼了,可以及早抽身。虽然如此,事情的发展还是没有如他所愿。

刘伯温虽然通晓古今,上知天文,下知地理,但他有一个很鲜明的性格,就是嫉恶如仇,不徇私情,这种性格在古今中外都是很难混的,因为太容易得罪小人了。

有一年,朱元璋赶赴开封府平叛,走的时候他下了一道"求贤令",面向全国各郡县征召贤能才智之士,由中书省承办。这本来是件好事,但是有些不学无术的人也想冒充贤才去混个官,因为想当官发财呀。在长洲县有个富豪韩复礼,他的儿子本来大字不识一个,他却花了三千两白银,买通当时的丞相李善长的同党,也就是中书省的五品都事李彬,把他傻乎乎的儿子安排到吏部当了官。

知识链接

烧饼歌

相传《烧饼歌》是明朝护国军师刘伯温与朱元璋对明朝国运的一首预言诗歌，由四十余首隐语歌谣组成。它不仅揭示了明朝的历史发展，甚至对明之后的历史都做出了推测。

刚开始人们都不明白预言的意思，认为是刘伯温胡诌的，可直到事情都一一发生后才恍然大悟，自此《烧饼歌》被视为神撰，在民间流传很广。

天下没有不透风的墙，偏偏这事让人告到了御史中丞刘伯温那里。刘伯温二话没说，就派人把李彬抓了起来，而且连夜审讯，证据确凿，就把他关进了监狱。

李彬是李善长的心腹，大家都知道此事非同小可，御史台的同事都劝刘伯温网开一面："李相国是大明朝开国第一功臣，皇上都要敬他三分，这件事皇上知道了说不定也不会杀李彬的。"刘伯温目光深沉地盯着一个同事，说："大明朝一向以济世安民、拨乱反正为己任，到了一统四海之后，却要和腐败的元朝一样，官官相护，残害百姓吗？"他这几句话说得御史台的人都无话可说，没招了。

李善长也坐不住了，他亲自坐着轿子跑到刘伯温的府上，带上一块名贵的鸡血玛瑙，连夜给刘伯温送来了。

刘伯温微微一笑："俗话说，无功不受禄，我实在是不敢接受您李丞相的一番美意，您还是拿回去吧。"

李善长一看刘伯温不吃这一套，索性实话实说，让刘伯温放过李彬，希望刘伯温念他是初犯，就饶了他吧。

刘伯温对他说："说实话，我也不忍心这么干，可皇上的《大明律》在那儿摆着呢，我们都不能不听皇上的吧？这事情闹得动静这么大，让百姓知道了，说咱们官官相护，以后咱们怎么执法呀？"

恰逢这年大旱，土地都裂了，皇帝在外面打仗，

▲ 明代官吏常服

太子听从众位大臣的建议，决定去求雨。李善长说，为了祈求上天垂怜，必须得做感天动地的善事才成，最好是下令大赦天下，给犯了死罪的人一条活路，如果在这个关键时候杀人，上天一定会动怒的，更不会下雨了。

刘伯温知道李善长的真实意图，便说，就是因为这些贪官污吏惹怒了上天才不下雨的，杀了李彬才能下雨。他就在祈雨盛典上把李彬杀了。可是刘伯温没看准天气，杀了李彬也没下雨，依旧大旱。

这一下可把李善长给得罪了，得罪的不是李善长一个人，而是以李善长为首的一伙人。他们一看天没下雨，这下有话说了，不断地在朱元璋面前说刘伯温的坏话。

本来朱元璋就很忌惮刘伯温，聪明人遭人嫉妒是难免的，而且朱元璋是皇帝，他希望他的大臣聪明，能给他办事，但是比他聪明，他又羡慕嫉妒恨。平常人有这个性格也就算了，可是皇帝有这个性格是要付诸行动的，何况朱元璋这个人心狠手辣，刘伯温也看出来了，好吧，那就辞职吧。

刘伯温告老还乡，朱元璋也不放心，经常派人监视他。终于有一次，刘伯温病了，朱元璋派胡惟庸去给他送药。这是典型的黄鼠狼给鸡拜年呀，结果，刘伯温吃了药感觉肚子里像被大石头压着一样，他告诉朱元璋，说恐怕吃错药了。朱元璋说，没事，你安心养病吧，很快就会好的。但很快刘伯温就去世了。

刘伯温虽然聪明，也很有先见之明，但是他踏入官场，就等于陷入了淤泥之中，要想全身而退是

▲ 明代乌纱帽

东晋时官员开始戴乌纱帽，但直到隋朝才将乌纱帽纳入正式官服。唐朝时乌纱帽兴盛起来，明朝时乌纱帽还代指官位。

知识链接

《大明律》

《大明律》是明朝的法令条例，由朱元璋下令编纂。

《大明律》总结了历代法律的经验教训，继承了各代法律文献的优点，是中国古代法律的历史总结。它是明朝治理国家的根据，对巩固明朝的统治起了决定性的作用，集中体现了明太祖的法制思想，为中国近现代的法制建设提供了一些宝贵的借鉴，在中国法制史上具有划时代的意义。

很难的。俗话说,常在河边走哪有不湿鞋。何况他性格刚烈,得罪了那么多小人。

当年他为朱元璋统一中国出谋划策,辅佐朱元璋成就帝业。中国民间广泛流传着"三分天下诸葛亮,一统江山刘伯温""前朝军师诸葛亮,后朝军师刘伯温"的说法。他以神机妙算、运筹帷幄闻名于世,

结果也没有逃过政治斗争的迫害。

明初大军远征大漠

▲ 徐达

徐达是明朝著名的开国将领，淮西二十四将之一。

朱元璋在应天称帝，建都南京，创立了明朝，可是元朝的残存势力仍然还在，元朝最后一个皇帝元顺帝还活着。如今被赶到寒冷北方的他们，天天吃沙子喝西北风，他们怎么能甘心，他们还准备着哪一天能重新回到中原作威作福呢。

当时元朝的将军扩廓帖木儿（汉名王保保）率领着十余万军队占据着山西，元朝的丞相纳哈出率领二十万军队镇守着辽东，云南还有十余万元军，现在的朝鲜那时叫高丽，还听从元朝的命令。四面八方都是敌人，朱元璋怎能睡得踏实。

因此，朱元璋派徐达和常遇春带领军队，去攻打王保保。为什么要先收拾他呢？因为王保保是元朝第一猛将，元顺帝在北逃的时候把军事指挥权交给了王保保，把元朝恢复中原的梦想全寄托在了他的身上。

徐达和常遇春率领军队兵分两路，分别从南北进攻太原。由于常遇春立功心切，而且经常打胜仗，因此他并不把王保保放在眼里，没有和徐达商量，就独自带兵进攻泽州，没想到却中了王保保的计，在山西韩店被王保保偷袭，导致惨败，死伤数千人。随后王保保乘胜向大都（今北京）进攻，想收复大都。

知识链接

元顺帝

元顺帝是元朝的第十一位皇帝。在亲政初期，他勤于政事，任用宰相脱脱等人进行改革，完善法制，加强廉政，选拔人才，但没能从根本上解决积弊已久的社会矛盾。到了后期，他逐渐怠政，沉迷于饮酒作乐，使元朝内部斗争不断，外部农民起义不断。公元1368年，明军进攻大都，元顺帝出逃，这代表元朝对全国的统治基本结束。

徐达见到这种情况,并没有去救大都,而是乘其不备,去攻打王保保的老窝太原,王保保不得不连夜带兵回救太原,在太原附近,两军交锋了。

知识链接

背水一战

"背水一战"一词来源于《史记·淮阴侯列传》，表示没有退路，为成功做最后一次努力。秦末楚汉战争时，刘邦命大将韩信攻打赵国。赵王有二十万大军，而韩信只有一万二千人马。他决定背水而战，另派两千轻骑潜伏在赵军军营周围。交战时，汉军拼死抵抗赵军的进攻，这时潜伏的那两千士兵乘虚攻进赵营。赵军以为老巢被端了，顿时军心大乱，很快就被打败。这就是背水一战的来历。

▲ 明代神火飞鸦

徐达的兵力没有王保保强，因此他没有贸然发动进攻，而是听从常遇春的建议，不进行正面进攻，计划在晚上偷袭元军。正在这个时候，太原守将豁鼻马派使者来降，表示愿意充当内应。

当天晚上，王保保正在军营里看书的时候，突然听见外面喊声大作，他心知不妙，连鞋也来不及穿就跑出营帐，骑上一匹马，飞快地逃跑了。

这一仗王保保的部队被打得落花流水，元朝残余势力从山西出逃，收复大都的希望也从此破灭了。

1369年，常遇春率兵北伐，在短短一个月的时间里，冲破了元朝二十年精心布置的防线。他带领骑兵一路马不停蹄，直逼元顺帝的驻地——上都，把元顺帝赶到应昌（今内蒙古达来淖尔湖）。常遇春胜利班师，路过柳河川时，生了暴病，不久便去世了。

可是当年在太原打了败仗的王保保并没有消停，他积蓄实力，围困了兰州，并把前来救援的明朝大将于光打死，西北战场的失利引起了朱元璋的警觉。他要再次给元朝残余势力一个狠狠的打击。洪武三年，朱元璋派徐达为征虏大将军，李文忠为左副将军，冯胜为右副将军，率军出征。

朱元璋和他的将领们制定了一个新的作战计划，他没有让徐达救援兰州，而是让他从潼关出发，直接攻击定西，与王保保决战。同时，他让左副将军李文忠出居庸关入大漠攻击应昌，把元顺帝赶尽杀绝。

明朝大军分几路同时出发，一时间王保保那儿乱成了一锅粥。徐达抵达定西的时候，王保保无处可退，只能背水一战了。

徐达大军到达，先安营扎寨，没有马上攻击，而是不断用小部队骚扰王保保，使元军又累又饿，可没有办法，想要进攻，徐达的营垒坚固，只能干着急。

明军长期干扰元军，待元军疲惫放松后，一天夜里，明军趁元军熟睡时，偷袭元军中军，睡眼惺忪的元朝士兵有的甚至还没有听到喊声就做了俘虏。徐达带领部队以迅雷不及掩耳之势全歼元军，坐拥大军十万的王保保又打了一次败仗。

为了有效地抵御骑兵的袭击，军队往往会在低洼处挖战壕，并且在战壕中布满陷阱

知识链接

迅雷不及掩耳之势

迅雷不及掩耳之势指的是雷声来得非常快，连捂耳朵都来不及，比喻动作和事件来得突然，猝不及防。该词出自《六韬·龙韬·军势》："疾雷不及掩耳，迅电不及瞑目。"

不得不说，王保保的意志是非常坚定的，他并没有因此而颓废，还依然在等待机会。两年后，元军在他的率领下，又开始四面出击，占领了东北地区的吉林和西北地区的甘肃、宁夏北部的广大地区，用游击战的方式不断骚扰明朝的边境。

公元1372年，朱元璋派大将徐达、李文忠、冯胜分兵三路进军大漠，再次向元朝残余势力进攻。

到十一月，徐达、李文忠也先后班师回朝，这一次远征大漠，虽然没有彻底消灭元朝的残余势力，但是让他们领教了明军的厉害，从此不敢再轻举妄动了。双方就这样互相僵持着，将近有十年之久，明朝第一代名将的戎马生涯也从此结束了。

闯关小测试

1. 明朝开国时，建都在哪座城市？（　　）
   A. 北京　　B. 洛阳　　C. 长安　　D. 南京

2. 是谁为朱元璋布置了"高筑墙，广积粮，缓称王"的战略？（　　）
   A. 徐达　　B. 朱升　　C. 刘基　　D. 李善长

3. 明朝军队远征漠北时，遇到的最强劲的对手是？（　　）
   A. 脱脱　　B. 王保保　　C. 铁穆耳　　D. 拖雷

参考答案：1.D　2.B　3.B

明初之乱

明朝统一后,朱元璋大刀阔斧地整顿朝纲。为了给子孙后代奠定一个稳固的江山,他大肆杀戮开国功臣和名将,却事与愿违,他的儿子朱棣和孙子朱允炆为了争夺江山不顾亲情,展开杀戮,最后朱允炆失败,朱棣登基,迁都北京。

 ## 最后一个丞相

朱元璋建立明朝后任命李善长为丞相,丞相这个官位是元朝时就有的,一人之下万人之上。朱元璋看着很不爽,他觉得自己一个人就能搞定天下的事情,那根本不是事儿,为什么要多出这么个人几乎要架空皇帝?他要把这个人,不,是这个职位去除。可是他不能直截了当地提出来,那很不好意思,再说,也没什么理由。这规章制度也不是说废除就废除的,否则,就是皇帝说话不算话,朱元璋自己还是要在这个位子上混的。

现在李善长是朱元璋要废除的这个职位的担任者,而他确实很符合这个职位,真真切切地让朱元

知识链接

伴君如伴虎

在等级森严的封建社会,皇帝与大臣之间是主奴关系,皇帝拥有对其他人生杀予夺的大权,大臣说错一句话可能小命就没了,因此有了"伴君如伴虎"的说法,意思是陪伴君王像陪伴老虎一样,随时有杀身之祸,现在比喻大人物喜怒无常,横生事端。

▲ 胡惟庸

胡惟庸是明朝开国功臣,最后一位中书省丞相。朱元璋怀疑他叛乱,将其处死。

知识链接

洪武四狱

明太祖晚年变得暴躁残忍,疑神疑鬼,经常捕风捉影,屡兴大狱。其中牵连人数较多的有四次案件,人称"明初四大案",又因为朱元璋的年号为洪武,所以又称为"洪武四狱",包括洪武九年(1376)的"空印案"、洪武十三年(1380)开始的胡惟庸案、洪武十八年(1385)的郭桓案以及洪武二十六年(1393)的蓝玉案。经过几次大狱,一代开国功臣被屠戮殆尽。

璋看到了这个位置有多么一人之下万人之上。李善长很聪明,在与刘伯温的斗争中,他有胜有败,但败得多一点,对皇帝了解的时间长了,他觉得不安,就决定找个替身同刘伯温斗争,否则哪一天皇帝看自己不顺眼,老命就不保了,所以就推荐了他的同乡胡惟庸。朱元璋就让胡惟庸接替李善长当丞相。

胡惟庸是个十足的小人,但要说他是个愚蠢的人好像也不是,毕竟他从朱元璋造反的时候就一直跟着,后来在那么多人中,偏偏李善长选中了他当代言人,朱元璋选了他当丞相。可是他也不是特别聪明的人,他不像刘伯温和李善长那样懂得伴君如伴虎的道理。他当丞相当得很过瘾,权力欲慢慢地就膨胀了,贪官能干的所有坏事他都干了个遍,朱元璋就默默地看着他,当然有人看不惯,去告状,可朱元璋却置之不理。

胡惟庸觉得:皇帝这是怕我呀,我这权力真的是太大了,不行,我还得扩大势力。于是,他开始在朝中拉帮结派,一时间朝中大部分官员都成了"胡派"。胡惟庸也有他的小聪明,他知道自己作恶多端,万一哪天皇帝看他不顺眼了,一定会收拾他,他拉来一帮人,到时候说反正是我们一起的,法不责众。皇帝还能都收拾了呀?那谁还帮他干活?

有一天,胡惟庸的儿子在街上骑马招摇过市,由于马术不精,不小心从马上掉了下来,也是他小命不长,被正好路过的马车给轧死了。胡惟庸哪里受得了,一向是他杀人,哪儿轮得到他的儿子被别人杀!他等不到什么法庭审理、秋后处斩这一系列啰嗦的过程,直接把马车夫给咔嚓了。

朱元璋知道了,很生气,让他过去说清楚。

胡惟庸觉得这不是什么大事,一路还想,这么点小事,你至于吗?还让我亲自来说,派人来问问不就得了。他到了朱元璋跟前,朱元璋一句话也不说,只等他解释。胡惟庸就连哭带啼地诉说自己的丧子之痛,说自己是因为悲伤过度没忍住才杀了人的。

等他表演完了,感觉朱元璋还没有动静,他不禁好奇地抬起头来看。只见朱元璋缓缓转过身来,看着他,冷冷地说了四个字:"杀人偿命!"胡惟庸一下子坐到了地上,冷气飕飕(sōu)地从脚心直往脑门窜,浑身哆嗦着像中了羊痫疯

胡惟庸是中国最后一位丞相,从此以后,朱元璋废除了丞相这个官位,中国历史上再也没有出现过丞相

一样，怎么也控制不住。就在胡惟庸整天战战兢兢（jīng）的时候，又出了一件事情直接要了他的命。洪武十二年（公元1379年）占城（今天的越南中部）派使者来明朝进贡，但是胡惟庸却没有将此事奏报给朝廷，被朱元璋知道后，皇帝震怒了，严厉斥责了对此事负有责任的胡惟庸。

胡惟庸非但不认错，反而把责任推卸给礼部，他以为这样就可以了事了。互相推诿，这是官场上经常有的事情，最起码你得先调查一下，看是谁说的对是吧。朱元璋却不按套路出牌，他来了个一锅烩，把所有与此事有关的人都抓了起来，反正不是他干的就是你干的。这种办事方法蒋介石也用过，所谓"宁可错杀一千，不可放过一个"。

在胡惟庸倒霉的时候，他过去的亲信和死党涂节送了他最后一程，在他掉到井里时又给他加了块石头。他看胡惟庸不行了，赶忙调转头去告诉皇帝，胡惟庸准备谋反。这下不用再审理了，朱元璋直截了当地把胡惟庸和陈宁，还有胡党中的其他重要成员一并处死，还灭了胡惟庸的三族。

这才刚刚开始，说到底，这不只是胡惟庸一个人的事，朱元璋要收拾的是一大帮不听他话、自以为是、和他抢权力的人，包括过去的丞相李善长。

因此杀了胡惟庸后，朱元璋撒开网，来了个全国大搜捕，只要是有嫌疑的人就抓，抓起来，先打，打完了，再审。

那些读书人，瘦胳膊瘦腿的，哪受得了这些，于是不论真的假的，有的没的，只要能说出名字的，

> **知识链接**
> **中书省的建立**
> 中书省是古代由皇帝直接管理的中枢官署的名字。朱元璋建立明朝后，沿袭元朝的制度设立了中书省，并由丞相领导，统领六部。

▼ 明宣德时期青花轮花纹绶带耳葫芦瓶

知道住哪儿的,都招了出来。就这样像滚雪球一样,被牵连的人越来越多,从洪武十三年案发,一直连续查了好几年,被杀的人数过万。

连开国名臣宋濂、李善长都被牵扯了进来,而朱元璋废除丞相这个职位的目的也圆满完成,他再也没有任命谁为丞相,并取消了中书省的设置,胡惟庸成为历史上最后一个丞相。从此以后六部直接听命于皇帝,不用再向丞相汇报工作了。

朱元璋要的就是这个,他是要自己的事情自己干,自己的权力绝不容许被人分去哪怕一部分。

从夏商周开始,法律条文中就明确规定杜绝冤假错案,但古代统治者为维护其统治,常常纵容甚至发起冤假错案

建文帝的忧虑

知识链接

朱元璋封藩王

明朝初年,明太祖鉴于历代亡国的教训,分封他的儿子们到各地去做藩王,以此来屏藩王室。他先后分封儿子和侄孙为王,其中一部分还掌握一定兵权。这虽然有利于巩固明朝初年的统治,但也为日后的"靖难之役"埋下了伏笔,可谓是一把双刃剑。

朱元璋当皇帝二十多年来,一直兢兢业业地干着他的本职工作,自己给自己发工资。他在位时加强了皇权的力量,把那些能干但威胁他权力的功臣都收拾了,他这样做就是为了给自己的儿孙以后的统治扫清障碍。可另一方面,他在生前给了藩王很大的兵权,藩王的势力越来越大,给自己未来的继承者留下了很大的麻烦。

朱元璋的太子朱标早早地就生病去世了,朱元璋在悲痛之余,没有立自己的其他儿子当太子,而是选择朱标的儿子朱允炆当皇太孙。一旦朱元璋驾崩了,下一任皇帝就是朱允炆。

有一天,朱元璋对皇太孙说:"你看,我把那些威胁你权力的人基本上都收拾了,现在我安排你的几个叔叔为你守护边界,你当上皇帝就可以高枕无忧了。"

朱允炆可不这么看:"外敌入侵,有叔叔们来对付,那要是叔叔们有异心,该如何?"

朱元璋被问住了,他盯着朱允炆看了一会儿,然后反问:"依你之见呢?"

朱允炆回答:"首先,用德来争取他们的心,然后用礼来约束他们的行为,再不行就削减他们的属地,下一步就是改换封地,如果实在没有办法,

▲ 建文元年应天府古权

明初之乱 | 建文帝的忧虑

朱允炆虽然年轻，但已经看到了叔叔们对皇权的威胁

▲ 明成祖朱棣像

那就只好拔刀相向了。"

朱元璋听到这个计划，也觉得很完美，没有比这个计划更好的了。

朱元璋在临死的时候，嘱咐朱允炆，要注意提防燕王朱棣（dì），他还对亲信大臣说，如果朱棣有什么异心，就一定要征讨他。

朱元璋病逝以后，朱允炆登基称帝，改年号为建文元年，史称建文帝。

朱允炆的治国之策与朱元璋相反，他要终止朱元璋的高压政策，实施仁政，与民休息。他倚重的大臣也是当时的大儒，包括兵部尚书齐泰、太常寺卿黄子澄、侍讲学士方孝孺等人，这些人的思想对朱允炆产生了很大的影响，从他们那里建文帝学到了儒家的修身治国的理论，但是他们毕竟只是读书人、文人，在军事指挥上，和在战场上厮杀了半生的朱棣根本没法比。

建文帝登基以后就感到了藩王的威胁，毕竟他太年轻了，在他那些叔叔眼里，他只是个乳臭未干的孩子。他所实行的新政，颁布的政策，如果不触及藩王的利益还好，有触及藩王利益的，就很难实行下去。而朱允炆也知道，这些藩王的势力越来越大，对他一定会是一个威胁，宜早不宜迟，还是早点收拾他们吧。

建文帝也没有按照他当初对朱元璋说的那个先礼后兵的计划行事，而是直截了当地来硬的，短短一年时间，他就废黜了五位藩王。

他的这一举动让燕王朱棣震惊。朱棣知道自己

知识链接

建文帝新政

建文帝朱允炆即位后开始推行新政，他首先调整了中枢机构，以兵部侍郎齐泰为兵部尚书，翰林修撰黄子澄为太常卿，还重用方孝孺。随后，他又陆续推出了一系列改革，包括省刑减狱、减轻赋税、调整政府官僚机构、执意削藩等。建文改制虽仅进行了四年，但仍取得了显著的成效。

古代皇帝与大臣之间往往相互安插自己的亲信当卧底,类似于现代的间谍,用于刺探消息

是这位侄子的头号敌手,想当年在朱允炆还是皇太孙的时候,朱棣就曾挑衅过他,两个人暗地里就不对付,现在麻烦马上就要到了。果然,南京下来圣旨,斥责朱棣的儿子朱高炽擅自杀害官吏的罪行,并将燕王府的官吏逮捕入京。

　　燕王朱棣大感不妙,他知道建文帝要对他动手了。说实在的,他也想当皇帝,但是还没有做好造反的充分准备,面对即将到来的灾难,他想出了一个主意——装疯。他披头散发,在街上胡言乱语,在垃圾堆里挑东西吃,在沟渠边上一躺就是一天。在他装疯的同时,他暗中布置军队,为造反赢得时间。

　　他装得如此辛苦也没瞒过建文帝,建文帝还是下令抓捕燕王朱棣,在得到亲信提前报告的消息之后,燕王朱棣终于起兵造反了。

燕王造反

> **知识链接**
>
> **靖难之役**
>
> 朱允炆即位后下令削藩，引起诸王的不满。燕王朱棣打着"清君侧""诛奸臣"的旗号在北平起兵反叛。建文帝任命已过古稀之年的老将耿炳文为大将军，统军30万征伐朱棣，长达四年的靖难之役由此开始。

在建文帝下旨捉拿朱棣的时候，他错用了一个人，就是北平都指挥使张信。张信曾经在朱棣手下做过事，而且朱棣对他还不错。所以他接到皇帝的命令后，犹豫不定，回家把自己的心事告诉了母亲。他母亲不知道听了什么传言，认定朱棣才是真命天子，劝张信一定不能抓朱棣。张信于是深夜悄悄潜入燕王府，把这一情况报告了朱棣。朱棣谢过张信的恩情后，当机立断，决定先发制人，起兵反抗皇帝。

无论人们做什么事情都要给自己找一个冠冕堂皇的借口，造反也一样。朱棣为了不落人口实，他编了个理由，说是皇帝身边有了奸臣，在皇帝耳边进谗言，说坏话，让皇帝干坏事，这样下去会毁了大明王朝，百姓也要遭殃，他要替皇帝收拾了这些奸臣，也就是所谓"清君侧"。他还打出了"靖难"的旗号，说要帮朝廷平定祸乱。"靖难"的大军出发了，朱棣没费吹灰之力就取得了北平九门的控制权，然后在三天的时间里夺取了北平。

北平城外有一支明军，统帅叫宋忠，他带领士兵逃到怀来，收编了从北平周边逃过来的士兵，还告诉慌乱的将士们，他们在北平城里的亲人都被朱棣杀害了。一时间，慌乱变成了愤怒，将士们都发

▲ 明代彩塑太监像

古代作战之前,将军往往会想办法提高士气,譬如这里的宋忠,谎称朱棣将士兵的亲人杀害了,就能很好地激起士兵的杀敌之心

誓要为亲人报仇。可是当朱棣真正发动进攻的时候，宋忠想象不到的一幕出现了。原来朱棣听说宋忠散布的谣言后，就把那些士兵的家属都带来打头阵，战争的双方都是亲人，这仗还怎么打，简直是认亲大会了。一些士兵发现自己被宋忠欺骗了，扔下武器不打了，宋忠本人也被活捉了。

战败的消息传到朝廷，建文帝在害怕之余，遍观四周，几乎找不到一个能对付朱棣的人，只有将门之子，明初大将耿君用的儿子耿炳文还算靠谱。他只好派耿炳文带领十五万军队去征讨朱棣。耿炳文率领大军到达真定，制定了打仗的策略，他派徐凯驻守河间，潘忠驻守莫州，先锋杨松进驻雄县，等主力会合后再发动进攻。

朱棣在耿炳文的主力还没来得及会合的时候，就在中秋之夜，万家团圆之际，突然袭击，一举把他们打得七零八落。经过这一仗，耿炳文才知道朱棣是多么老谋深算，他决定学三国时期的司马懿，死守不出，可是他还没有执行自己的计划，建文帝不知道抽什么风，让李景隆接替耿炳文当了统帅。

这下可把朱棣高兴坏了，他太了解李景隆了，这个人在军事谋略上跟他相比就是个白痴。虽然这么说，白痴带着五十万的兵马来应战，人多势众，朱棣的人少也是抵挡不住的。同时，辽东方面的明军奉命进攻朱棣掌控下的永平，军情危急，朱棣不得不去救援。他知道，如果李景隆知道他不在，一定会乘机攻打。于是，他留下自己的儿子朱高炽防守北平，告诉他不要出兵，只管防守，等他回来。

知识链接

李景隆

李景隆是明朝曹国公李文忠的儿子，袭爵了父亲的封号。靖难之役爆发后，他被任命为大将军，率领朝廷的军队平定叛乱。但他根本没有将才，屡屡失败，亏损了数十万军队，最后被召回。燕军靠近南京时，李景隆竟然开门投降，南京失守。朱棣称帝对其大加封赏，位列百官之首。

朱高炽很听话地在这里守城，只守城不出战，李景隆没有啥军事才能，始终没有把北平打下来，就这样一直让朱高炽等到朱棣回来。

朱棣打败了辽东明军后，又率领自己的军队到达了宁王的驻地。他单枪匹马进城去见宁王，摆出一副苦大仇深的样子，哭诉自己被建文帝迫害，到了走投无路的地步，希望宁王当个说客，缓和自己和建文帝的关系，让这位当皇帝的侄子不要再打他了，他愿意做一个顺民。

宁王上了他的当，以为朱棣真的准备投降呢，他同意帮朱棣说说好话，也允许朱棣的军队不带武器进城。结果没过多久，他属下的蒙古朵颜三卫都被朱棣用金银财宝策反了，在朱棣走的时候，不仅带上了宁王，也带走了他的朵颜三卫，然后去北平支援他的儿子朱高炽。

朱高炽终于等到他爹搬来的救兵了，他和朱棣里应外合把李景隆打了个落花流水。李景隆兵败的消息传到朝廷，黄子澄害怕承担责任，竟然谎报军情，说是李景隆初战告捷，因为天冷暂时驻扎在德州。

建文二年四月，建文帝再次催促李景隆出兵征讨朱棣。李景隆没办法，带领六十万精兵和燕王在白沟河交战。两军交战，直杀得天昏地暗，战斗最终以李景隆的惨败告终。

朱棣乘胜追击，一路过关斩将，向南节节推进，眼看就打到南京了。建文帝一看大势已去，只好派人求和，到这个时候了，朱棣才不会吃这一套呢，他直接带兵攻到了南京城下，朱棣的弟弟谷王朱穗

> **知识链接**
>
> **"靖难之役"的影响**
>
> "靖难之役"是明朝皇帝和藩王之间的内战，它不仅改变了明朝帝位的归属，也对大明朝未来的政治、思想产生了深远影响。

▲ 明代虎头木牌

和李景隆把守金川门，他们见朱棣来了，直接开门投降，燕王立刻带兵冲进了金陵。

在这场靖难之役中，朱允炆是皇帝，朱棣是臣子，朱允炆打朱棣是讨逆，朱棣打朱允炆是造反，但历史也是遵循自然规律的，那就是优胜劣汰，胜者为王。朱允炆虽然是皇帝，但他只是个守成之主，在太平年代也许能做个有作为的皇帝，但和戎马一生、深通韬略的朱棣在军事上较量，一开始，他就输定了。

燕王朱棣在靖难之役胜利后闯进皇宫，却没有找到建文帝朱允炆，只看到一具烧得面目全非的尸体。这尸体到底是不是他的侄子朱允炆，谁也不知道，从此这个事情就像噩梦一样一直缠绕着他，直到他去世。

> **知识链接**
>
> **建文帝下落之谜**
>
> 朱棣攻入皇宫后，建文帝下落不明。有人说他和后妃自焚宫中，有人说他并没有死，而是化装成僧人从皇宫逃走了，据说明成祖派郑和下西洋也有企图寻找建文帝行踪的目的。各种说法莫终如一，都没有确切的证据。建文帝的真正下落成了明史的一大疑案。

明成祖迁都北京

公元1402年，朱棣在南京即位，年号永乐，朱棣就是历史上的明成祖。

明成祖刚到南京，还没怎么消停，第二年春天，蒙古军队就进攻了辽东，肆无忌惮地抢劫了一通，拍拍屁股走了。明成祖听到消息大为恼火，立马把当地的都指挥使沈永杀了，然后追问原因："怎么回事？想当年我在……"明成祖不问了，他突然明白了。

当年负责北方防御的原来就是自己呀，他跑到南京当皇帝来了，边关之外的蒙古军却依然觊觎着

▲ 明青花瓷梅瓶

中原，强盗依然是那伙儿强盗，看门的却不是那个看门的了。

明成祖陷入了思索……

他决定迁都北京。其实，这个想法在朱元璋当皇帝的时候就有，因为很多原因没有实现。南京是个风水宝地，山清水秀，风景优美，物产丰富。可对于明成祖来说，迁都北京有他自己的考虑。

首先，他被封燕王的时候，就驻守在北平，虽然北方风沙大，气候冷，但是北方的伙食还是不错的，主要是他吃惯了北方的饭，也习惯了北方的气候，他对北平有感情，他的事业就是从北平开始的，按古代的话说，北平是他的"龙兴之地"。而南京虽然是他的出生地，他却没什么感情，靖难之役，南京皇宫里血流成河，火光冲天，他内心的不安一直没有消散，看到这个地方就会想起那一幕幕惨状，眼不见为净，还是躲开吧。

再有，当然这也是最重要的一个原因——政治需要。自古以来，北方的游牧民族就没有消停过，还都十分强悍，他的父亲朱元璋率领起义军费了好大劲才推翻的元朝不就是北方游牧民族起家的吗？南京离得那么远，万一北方再有什么事情，远水解不了近渴，还是离得近点看着吧，不行了派兵收拾他们也方便。

明成祖是决定了，但是朝臣们不答应呀。自古迁都的皇帝有，但是很少，迁都不是搬家，涉及很多问题，建皇宫，看风水，最重要的是，南方是粮食的产地，到了北平，这么多人去了，吃饭问题怎

> **知识链接**
>
> **迁都与风水**
>
> 迁都表示国家将原来设立的首都变成另外一个城市。在古代，多数国家都面对不稳定的政治、军事、经济环境，所以古代国家需要迁都的机会较多。
>
> 古代的天子之城看的不是建筑美不美丽，城墙高不高大，而是看这个城市的风水，因此古代很多朝代的首都都是选在风水之城，如长安和洛阳。

么解决？但是，明成祖是个很有决断的人，在所有大臣反对的情况下，他说："我决定了，你们别说了，有困难就解决困难。"

首先是建造一个新的都城。从1406年开始，明成祖派姚广孝负责北京城和宫殿的设计，他根据儒家的观点，将北京城改建，扩建成了一座方城，皇城位于方城的正中央。一直持续建设了14年，到了1420年皇城基本完工，而京城的建设一直持续了30年。

其次是解决吃饭问题。公元1411年，明成祖命令工部尚书宋礼治理会通河，此后又派漕运总督陈瑄进一步疏通了河道，解决了运送粮食的问题。

大兴土木往往被史学家所诟病，因为在过去科技不发达的时代，建造一座宫殿要耗费巨大的人力、物力、财力

公元 1421 年，机会成熟，明成祖宣布：迁都！

从此北京作为明朝新的都城被确定下来，并一直延续了二百多年，而且，它将继续作为中国的首都，一直延续下去，最终成为世界上最有影响力和古老又富有现代气息的城市之一。北京，是明成祖的又一个功绩！原来的南京则成为明朝的留都。

可是事情还没完。迁都不久，一天夜里，北京城雷声大作，风雨交加，刚刚建成的华盖、奉天、谨身三大宫殿因为受到雷击而燃起大火，一夜之间化为灰烬。

对此，科学家的解释是当时姚广孝建筑宫殿的时候，没有设计避雷设备，被雷击失火是很正常的自然现象。但是当时人们迷信而不懂科学，于是大臣们纷纷指责皇帝不该迁都，连老天爷都发怒了。明成祖也很痛快，把上书指责他迁都的礼部主事萧仪逮捕，没有经过任何审讯，便以"毁谤君主"的罪名，处以极刑。

他的这一做法却并没有吓倒那些不怕死的读书人，大臣们纷纷上书，还在午门外集会，公开辩论。当时正是清明时节，小雨纷纷，大臣们跪在午门外一个个淋得像落汤鸡一样，但是丝毫没影响他们辩论的兴致。明成祖在城楼上，看着这群斗志昂扬的人，却丝毫没有改变他把首都定在北京的决心。辩论的结果，当然是明成祖胜利，历史就是最好的证明。

> **知识链接**
>
> **能文能武的徐皇后**
>
> 徐皇后是开国功臣徐达的女儿，她能文能武，史书记载她"幼贞静，好读书，称女诸生"。
>
> 朱棣起兵造反时，建文帝派李景隆围攻北平，朱棣急忙到宁王朱权处借兵，北平顷刻危在旦夕。徐王妃身上毕竟流着开国将领徐达的血，她披上战甲，亲自指挥作战，北平转危为安。

▼ 明代五蝠捧寿纹大襟袍

知识链接

姚广孝

姚广孝年轻时在苏州出家为僧，后来结识了朱棣，成为朱棣的主要谋士。靖难之役中，他建议朱棣率骑兵直取南京，朱棣接受了他的建议，最后果然顺利夺取南京。成祖即位后，姚广孝继续辅佐朝政，负责明朝的迁都事宜，后又主持编撰了《永乐大典》和《明太祖实录》。永乐十六年（1418年），姚广孝逝世，享年83周岁。

明成祖去世后，即位的是明仁宗朱高炽。明仁宗还是太子时长期待在南京，即位后，便有还都南京的打算，于是下令修葺南京宫殿。紧接着，他收回北京六部原来的印信，换成了加印"行在"的印信，等于废除了北京的国都地位。

但仁宗在位时间很短，不到一年，还没来得及将还都的计划付诸实施就驾崩了。尽管仁宗的遗诏中强烈表明希望还都南京，但继位的明宣宗还是没有执行。明宣宗的儿子明英宗继位后，将北京确立为国都，从此不再改变。

闯关小测试

➡ 1. 明朝最后一个丞相是（　）

　　A. 李善长　　B. 刘伯温　　C. 胡惟庸

➡ 2. 建文帝是明朝第几位皇帝（　）

　　A. 二　　B. 三　　C. 四

➡ 3. 迁都到北京的是（　）

　　A. 明太祖　　B. 建文帝　　C. 明成祖

参考答案：1. C　2. A　3. C

永乐盛世

明成祖迁都北京后，五次远征蒙古，消除了边患，巩固了明朝北方的统治，他在位期间，还多次派将领扫除南方的倭寇和匪患。在他的统治下，明朝迎来了空前的盛世，兵精粮足，文化和商业都得到了很好的发展，他之后的几任皇帝，继承朱棣的统治，明朝发展到了鼎盛时期。

明成祖北伐

元朝灭亡后，北元的残余势力分裂为瓦剌（là）、鞑（dá）靼（dá）和兀（wù）良哈三部。公元1409年，鞑靼杀害了明朝使节，向明朝示威。明成祖为了解决鞑靼在边境的威胁，决定派军出征，可是他派去的大将丘福因为轻敌冒进，打了败仗，全军覆没。

遍观朝堂之上，明成祖发现，除了自己，没人可以胜任大军统帅的职务。因此在靖难之役之后，公元1410年，明成祖又一次披上盔甲，为了彻底消灭北元残余势力，亲征北伐。

明成祖调集了长江以北的全部军队，共五十万

知识链接

丘福

丘福是明朝靖难名将，他出身行伍，原来是燕山中护卫千户，靖难之役时屡立战功，因此加官晋爵，被封为淇国公，位居功臣之首。后来，明成祖派他率军北伐鞑靼。由于丘福轻敌冒进中了埋伏，不幸战死，明军全军覆没。

人，自任统帅，率领大军向北挺进。

当军队到达几个月前丘福全军覆没的胪朐（lú qú）河时，四处仍然可以看见阵亡明军的尸骨。明成祖让手下士兵将其就地埋葬，入土为安，还命令把胪朐河改名为"饮马河"，然后率领大军渡河而去。

明军过河后抓了几个鞑靼士兵，从他们嘴里知道鞑靼大汗本雅失里就在附近，明成祖立刻下令部队就地扎营，自己亲率精锐骑兵带上二十天的口粮继续追击。

明朝初年，由于久经战争的洗礼，明军的战斗力非常强悍

御驾亲征是指皇帝亲临前线，指挥军队作战，以鼓舞士气

当时鞑靼大汗本雅失里正和太师阿鲁台发生意见分歧,所以独自率领着一支军队。明成祖不久就在斡(wò)难河追上了本雅失里,然后一顿猛打,本雅失里只好丢下所有辎重,带了几个士兵逃跑了。后来他逃到了另一个蒙古部族瓦剌,可瓦剌的首领马哈木把他杀死了,这样鞑靼就失去了大汗。

明成祖击败本雅失里后,转向攻击阿鲁台,阿鲁台率领军队在茫茫草原上游荡,和明成祖打起了游击。明军眼看粮草不够,只好班师回朝,可是在经过阔滦海子时,碰巧遇上了躲在这里的阿鲁台,明成祖立即命令军队摆好阵势,然后让使者告诉阿鲁台,投降吧,不投降就打死他。阿鲁台说要考虑考虑,他打发走了明朝使者,一厢情愿地想拖延会儿时间,以便逃走。但是明成祖哪会上当呢,他率领几千精锐,乘其不备,向阿鲁台发起了攻击,没过多久,阿鲁台就全军崩溃,只带着少数几个人逃跑了。

明军大获全胜,鞑靼的势力受到了很大的打击,大汗本雅失里被杀,太师阿鲁台四处流浪。无奈之下,阿鲁台最终于永乐八年冬天正式向明朝投降,表示归顺。

明军打垮了鞑靼以后,瓦剌又变得强大起来,他们不断侵扰边境,还派兵攻占了漠北草原的中心城市和林,拥立了一位成吉思汗的后裔为大汗。眼看瓦剌越来越强大,明成祖非常担心。

永乐十二年二月,明成祖再次带

知识链接

阿鲁台

阿鲁台是鞑靼部的领导人,他在1403年至1434年间先后拥立鬼力赤、本雅失里、阿台为可汗,自己任太师,掌握大权,多次袭扰明朝边境。1410年,明成祖北伐,先后击溃了本雅失里和阿鲁台,阿鲁台被迫与明王朝修好,被封为和宁王。

▼ 明代皇帝常服

领五十万大军远征,北伐的目标是瓦剌。明成祖在常年的战争中对蒙古军队的战术可以说是了如指掌,这次,他演练了全新的阵型来对付瓦剌的骑兵。

瓦剌的首领马哈木也是很聪明的,他采用诱敌深入的战术,在忽兰忽失温(今蒙古国温都尔汗西北)设下埋伏,希望一举歼灭明军。而明成祖将计就计,出动明军特有的"神机营",用火铳(早期的射击火器)把从山上冲下来的瓦剌骑兵打得落花流水,然后三路大军开进,明成祖亲率中路大军,一举把瓦剌大军击败。之后明军继续追击,直到只剩下马哈木一个人逃走才了事。永乐十三年,马哈木也向明朝朝贡称臣,终其一生,马哈木再也没有侵犯明朝的边境。

在此后的永乐二十年、二十一年、二十二年,明成祖又三次亲征北伐。在最后一次北伐的归途中,已经64岁的马上皇帝不慎从马上摔下来,一病不起,不久在榆木川的军营里去世。在历史上,也有皇帝亲征的,但是像明成祖这样先后五次亲征北伐的却很少见,他的北伐,沉重打击了北元残余势力,为了给后代子孙创造一个稳固的北方边疆,可谓拼了老命。

> **知识链接**
>
> **"神机营"**
>
> "三大营"是明朝军队中最精锐的部分,由明成祖朱棣亲自下令组建,分别是五军营、三千营和神机营。
>
> 神机营是专门掌管火器的特种部队,也是世界上最早成立的火器部队,装备有火枪、火铳(chòng)等,后期又增加了火绳枪。清朝沿用明朝军制,设立火器营来守卫紫禁城。

明初才子解缙

解缙,洪武二年(1369年)出生在吉水鉴湖的一个书香门第,自幼就很聪明,被人们称作神童。在家族的熏陶下,他从小就饱读诗书,年轻的时候已经被身边的人们视为才子，坊间流传着很多解缙巧对对联的故事。

有一个故事是说，有一天解缙和他的朋友胡子祺一起来到南京城的金水河畔，走上了金水桥。胡子祺看到河水两岸长着不少棵金丝细柳，柳枝垂到水面上，有两三个人正在河边钓鱼，就见景生情，对解缙说出了一个对联的上联："金水河边金线柳，金线柳穿金鱼口。"这么长的上联，而且其中有四个"金"字，对上下联可不是件容易的事。可是解缙却不犯愁，他看见金水桥下有一个女子，在卖美丽的玉簪（zān）花。才思敏捷的解缙心中顿时有了下联，他吟道："玉栏杆外玉簪花，玉簪花插玉人头。"这个下联用四个"玉"字对四个"金"字，非常巧妙，还与上联押韵，韵律非常优美，而且比上联意境更为优雅。

后来，他的名声连朱元璋都听说了，这位皇帝在百忙之中接见了解缙。

多少人把面见皇帝当做一个难得的升官发财的机会，可是解缙却有着知识分子的骨气，他见到皇帝不但没有溜须拍马，反而向皇帝提出了他的意见。当时朱元璋乱杀功臣，官场一片血雨腥风，官员们人人自危，谁都不敢说话。解缙大胆地劝说皇帝停止不必要的杀戮，还给朱元璋上了《太平十策》，针砭时弊。朱元璋很聪明，他知道这个年轻人是一心为了朝廷，解缙呈上的《太平十策》中也讲了很多治国安邦的道理，朱元璋看了觉得挺不错，认为解缙这个年轻人很有才能，所以不但没有因为他说话不中听而杀掉他，还听取了他的建议。得到了当

> **知识链接**
>
> **"父母官"胡子祺**
>
> 胡子祺当官时，特意审查州里原有的制度，凡是给老百姓带来困苦的全都废除。过了一年，各种荒废的事业全都复苏了，老百姓十分尊重他。
>
> 有一次，他得病了，还是不断处理政务。于是身边的人就劝他说："您应该休息了。"胡子祺说："只要我还活着一天，就不能怠慢皇帝安排的事情！"

朝皇帝的赞赏，从此解缙名满天下。解缙觉得自己是碰到了明主，就不断地给朱元璋提建议，甚至为被朱元璋杀掉的前任丞相李善长求情。这可触怒了朱元璋，朱元璋一怒之下把他赶回了老家，还说十年之内不会再任用他。

朱元璋死后，继任的建文帝起用了解缙，任命他为翰林待诏，在朝中任职。到了明成祖的时候，解缙更是受到了重用。明成祖让解缙进入内阁，参与朝廷重要政务，还让他主持编纂《永乐大典》。《永乐大典》是中国古代第一部大型类书，这部书收录了上自先秦、下到明初的各种书籍共七八千种，共计一万一千零九十五册，二万二千八百七十七卷，三亿七千万字，内容包括经史子集、天文、地理、阴阳、医术、占卜、释藏、道经、戏剧、工艺、农艺，涵盖了中华民族数千年来的知识财富，简直是一座中华文明史上的金字塔。解缙作为主编，对这部世界有史以来最大的百科全书的问世功不可没。

中国历史上很多文人才子最终的结局都不好，例如三国时的杨修才思敏捷，却被曹操所杀。解缙最终没能躲开这种命运。一次，明成祖亲自带兵北伐，解缙有要紧的事，就去找留在北京的太子朱高炽。朱高炽的弟弟汉王朱高煦一直想篡夺太子之位，他就诬告解缙，说他私自去见太子，图谋不轨。皇帝最害怕的就是别人威胁他的权力（即使是他的儿子），最恨的就是臣下对他不忠，因此他下令把解缙处死。在一个寒冷的风雪夜里，这位天才就此默默地告别了人世。解缙一代才子，因为别人无中生有的诬告而丧失了性命，确实可惜可叹。

郑和与他的舰队

明成祖朱棣实在是一个很了不起的皇帝，他在位期间，迁都北京，编纂《永乐大典》，亲自率兵北伐，使中国又成为一个强盛的国家。到这个时候，经过两代皇帝的励精图治，中华大地已经进入了真正的太平盛世，朱棣就想要威服四海，让四夷都归顺大明朝，向大明朝纳贡。还有一个说法是，明成祖的心里还有一个纠结，他的侄子建文帝不知道是死是活，藏到了哪里，要是他跑到了海外，或许有一天他会带着忠于他的臣下打回来，夺回皇帝的宝座。明成祖一定要把建文帝的下落查访清楚。为此，

▲ 明代比甲展示图

比甲是一种古代的马甲，其基本样式是无袖、无领的对襟，两侧开至膝下，便于骑马。比甲在宋朝时开始出现，后传入蒙古，在当时颇为流行。

明成祖要派出庞大的舰队去西洋寻访，完成他的心愿，他把统率这个舰队的任务交给了朝廷里的宦官郑和。

郑和原名马和，据说是洪武四年（1371年）出生，云南人，家世显赫。郑和从小感兴趣的不是四书五经，也不是医药典籍，而是航海。这和他的家族传统有很大的关系，他的祖父和父亲都是虔诚的伊斯兰教徒，他们最大的心愿，就是去伊斯兰教圣城麦加朝圣。当时航海技术已经有了一定的发展，郑和的祖父和父亲都靠航海抵达圣城麦加，实现了自己的愿望。他们给郑和讲述了路途的艰险和朝圣途中破浪远航的故事，这些在郑和幼小的心灵里撒下了种子。他努力锻炼身体，学习有关航海的知识，希望有朝一日也能坐船乘风破浪。

可是当时云南正处在元朝残余势力的控制之下，在洪武十四年，明朝大将傅友德、蓝玉率兵征讨当时由残元势力控制的云南，当时还是小孩子的郑和也被当作战俘抓了，之后他被送进宫里当了太监。

年仅十一岁的郑和被迫跟着明军征战四方，他在战争中不断成长，苦难的生活造就了他坚毅的性格，多年的征战练就了他的军事才能。在此期间，他遇到了当时还是燕王的朱棣，朱棣一眼就看中了这个沉默不语却目光坚毅的少年，让他做了自己的贴身侍卫，从此郑和成为朱棣的亲信。在靖难之役中，郑和跟随朱棣出生入死，立下了很多战功。尤其是在郑村坝战役中，郑和给朱棣出谋划策，连破李景隆七营，大败建文帝的军队。朱棣登基当上皇帝后，

> **知识链接**
>
> **明朝内阁**
>
> 胡惟庸案后，朱元璋废除了丞相一职，这就导致了皇帝处理政务的工作量骤增，朱允炆并没有朱元璋的精力事事亲为，于是在明建文四年（1402年）成立了内阁。内阁最初只是负责向皇帝提供咨询，此后权力逐渐增大，在万历时期达到顶峰。
>
> **什么是"四夷"**
>
> 古代的中国接近于中原，主要是指黄河中下游一带，居住在这里的汉民族自称华夏，由于较早进入农耕文明，所以对中原地区以外的文明较为落后的各族就称为四夷，即东夷、南蛮、西戎、北狄。

永乐盛世 | 郑和与他的舰队

就封郑和为内官监太监，这是内官中的最高职位。永乐二年（1404年），明成祖朱棣赐马三保姓"郑"，改名为郑和。皇帝赐姓赐名是明代最高的荣誉，体现了皇帝对他的恩宠。

公元1405年7月，明成祖朱棣命令郑和率领舰队从江苏刘家港起航，开始了中国航海史上最伟大的航程。据说其中最大的船长四十四丈，宽一十八丈，有十二张帆，桅杆长十一米，这样大的船，在上面开运动会都不成问题，简直就是当时的"航空母舰"。除了这样的主力军舰，还有专门运输的马船、战船、坐船，还有运输粮食的粮船。这支舰队真的是浩浩荡荡。郑和的舰队里有水手、士兵、书记、医生、翻译、工匠共两万多人，他们带着航海图、罗盘针等先进的航海仪器，还有中国出产的瓷器、铜器、铁器、金银和各种精美的丝绸、锦缎等丝织品。

郑和的舰队首先到达了位于今天越南中部、南部一带的占城国，然后又继续杨帆向南，到达了今天印度尼西亚的爪（zhǎo）哇岛。

当时爪哇岛正处于战争之中，西爪哇的国王发兵进攻东爪哇的国王，他手下的士兵非常勇猛，不但打败了东爪哇的军队，还杀人杀红了眼，把郑和船队上岸的一百七十多人也杀了。

这是对大明朝舰队的进攻，郑和非常愤怒，他下令舰队靠近西爪哇国的海岸，准备对西爪哇国进行征讨。西爪哇国的国王一看大事不妙，赶忙派人去谢罪求和。

当时以郑和船队的实力，把西爪哇国灭掉，为被害的船员报仇是很容易的事情，但是郑和深知明成祖这次派他远航西洋，是为了宣传朝廷的恩德，对西洋各国不到万不得已绝不可轻易动兵，他也懂得《孙子兵法》里说的"不战而屈人之兵"的道理。因此他克制了自己的愤怒，与西爪哇国的使者交涉，

> **知识链接**
>
> **郑和下西洋的影响**
>
> 郑和下西洋加强了古代中国和外国经济文化的交流，加速了中国与国外的文明的碰撞。

明朝立国近三百年，明朝水师却未曾遭遇一败，由此可以看出明朝强大的水上作战能力

最后让西爪哇国年年向明朝称臣纳贡。

这场风波就此结束，郑和又继续带着他的舰队继续航行，他们这一次航行的最终目的地是古里（今印度卡利卡特）。古里位于印度半岛的西南端，当年朱元璋在位的时候，古里的统治者就几次派使者到中国朝贡，向明朝称臣。

这次郑和把明成祖的诏书发放给古里统治者，正式封他为国王。在将要返航的时候，郑和率领属下和当地人一起建造了一个碑亭，并在碑上刻上碑文以作纪念，这块碑一直保留到现在，成为中印两国人民友好的见证。

此后，在明成祖的全力支持下，郑和先后进行了七次航海，他每到一个地方，都以友好的态度和当地人进行交易，同时也去了解当地的风俗习惯。他用随船所带的物品也换回了当地的很多特产，比如胡椒、染料、药材、硫磺、香料、椰子、象牙、宝石等，以及狮子、鸵鸟、长颈鹿等稀有珍贵的动物，促进了我国和亚非国家的经济文化交流。

郑和下西洋扩大了中国在海外的影响，郑和舰队经过的国家都纷纷派使节前来中国修好通商，菲律宾的苏禄国国王、马来西亚的马六甲国国王还亲自来中国进行友好访问。

当时的明朝首都北京成了一个国际化的大都市，世界各国的学者、贵族，甚至有几位国王常年住在北京，明成祖也表现出中国人的热情好客，让这些人乐不思蜀。

知识链接

《孙子兵法》

《孙子兵法》又称《孙武兵法》，由春秋末年孙武撰写。《孙子兵法》是现存最早的兵书，共有十三篇，内容博大精深，逻辑严谨，是世界上最早的军事著作，被誉为"兵学圣典"，孙武也被尊为"兵圣"。

《孙子兵法》认为战争关系到军民生死、国家存亡，因此告诫君主发动战争要谨慎，即使要发动战争，也要有"有备无患"的思想。

▲ 明朝葫芦瓶

相比于中国的传统建筑，外国的建筑物风格迥异，各有特色

中国出产的瓷器、丝绸、茶叶等深受外国人喜爱,而外国人的奇香异果也丰富了明朝的饮食文化,所以,郑和下西洋促进了世界文明的交流与融合。

仁德之君朱高炽

明成祖去世后，继承皇位的是他的长子朱高炽。朱高炽为人敦厚，性格沉稳，同时很有能力。在靖难之役的时候，明成祖给朱高炽留下了很少兵马，要求他守住北平城。朱高炽在条件很不利的情况下，率领部下，击退了建文帝手下大将李景隆所率军队的进攻，保住了北平城，为他父亲夺取皇位立下了一个大功。

可是明成祖并不怎么喜欢他的这个长子，朱高炽不仅身材肥胖臃肿，而且腿有残疾，行走不便，还需要别人照顾。将来让这样一个在身体和外貌上都有缺陷的人当皇帝，明成祖心里很是不痛快，所以他很犹豫是否要立他为太子。

明成祖真正喜欢的是他的二儿子朱高煦，他觉得这个孩子最像他自己。

可是大臣们不同意他废长立幼，废长立幼是皇家最忌讳的事情，在历史上曾发生过多次因为废长立幼引发内乱，导致王朝危机的事例。另外，明成祖非常喜欢朱高炽的儿子朱瞻基，觉得他在性格和长相上都和自己很像。最后明成祖还是决定立朱高炽为太子。

可是朱高炽继位也并非那么顺利。

公元1424年，明成祖在北征的途中去世，当时

知识链接

"三杨"

"三杨"指杨士奇、杨荣、杨溥三位明朝大臣，因居住地不同，人们称杨溥为"南杨"，杨士奇为"西杨"，杨荣为"东杨"。三人于建文帝时期入翰林院，并且都历经永乐、洪熙、宣德、正统四朝，都是台阁重臣。在三杨的辅佐下，明朝的国力得到了显著增强。

废长立幼

古代男性和原配夫人所生的第一个儿子为嫡长子，传统上只有嫡长子能继承财产和王位，若废掉嫡长子的继承权而把该继承权转给除嫡长子以外的其他儿子，则叫废长立幼。

▲ 明代金香囊

随从在旁的是杨荣和英国公张辅二人，他们担心明成祖的死讯传出去，朱高炽的两个弟弟朱高煦和朱高燧会乘机作乱，阻碍朱高炽继位，于是他们将明成祖的尸体装进一个大棺材里，秘不发丧，对外宣称，明成祖身体不适，不愿意见任何人。然后两人又派人悄悄赶往京城，将真相告诉朱高炽，让他做好万全准备。朱高炽就派儿子朱瞻基前去迎丧，在两位大臣的周密安排下，朱高炽才顺利即位当了皇帝。朱高炽定年号为洪熙，史称明仁宗。

明仁宗重用历史上常说的"三杨"：杨荣、杨溥、杨士奇。在这些贤臣的辅佐下，明朝朝政清明，全国出现了一片太平景象。

盛世之君朱瞻基

> **知识链接**
>
> **朱高煦叛乱**
>
> 朱高煦是朱棣的次子，在靖难之役时立有战功，因此恃宠而骄。因为和朱高炽夺位失败，他不甘心，于是时时想着谋反。公元1426年，朱高煦趁北京地震，在乐安起兵造反。宣宗朱瞻基御驾亲征，不久，朱高煦被迫出降，虽然仁宗并没有立即处死他，但是朱高煦依旧贼心不死，后被处死。

仁宣之治指的是明仁宗和明宣宗当政时期的太平盛世。明宣宗朱瞻基，生于1398年，是明仁宗朱高炽的长子，1424年被立为太子，1425年正式登基当皇帝，称为明宣宗。

明宣宗的出世富有传奇色彩。

相传在朱瞻基出生的前天晚上，明成祖做了一个梦，梦见他爹朱元璋给了他一件大号的玉器，让他把这件玉器传给子孙，那么明朝就会永远繁荣昌盛下去。在那个年代，玉器是很吉祥的东西，因为皇帝的印章玉玺就是用玉器做的，在某种程度上它象征着皇位。

正当梦醒的明成祖摸不着头脑的时候，宫里的太监传来一个消息，说皇子朱高炽的妻子生下一个大胖小子。明成祖很开心地跑去看孙子，结果这个孙子长得和明成祖还有几分相像，明成祖一想起自己的那个梦，很高兴，觉得这小子以后一定能当皇帝。

朱瞻基从小在明成祖的身边长大，明成祖对他也是非常疼爱，可谓有求必应。朱瞻基也很聪明，读书很好，而且身体强壮，武术方面练得也是有模有样，不像他爹那么肥胖的样子。在明仁宗死后，朱瞻基在大臣们的辅佐下粉碎了朱高煦夺位的阴谋，

▲ 明朝钧窑梅瓶

顺利登基，又平定了朱高煦的叛乱。这都显示了他卓越的能力。

明仁宗只当了一年的皇帝，好多政策都是刚开始，还没有最后完成。明宣宗朱瞻基当了皇帝以后，继承父亲的未竟的事业，开始进行改革。

他首先对内阁进行了改革，强化了内阁的功能。在朱元璋时期，一些大臣就被任命为大学士，协助皇帝处理国家事务，这就是内阁的雏形。明成祖的时候，让一些大臣到文渊阁入职，协助皇帝处理机要事务，此时内阁正式形成。

但是当时内阁的地位并不高，内阁官员通常为五品或五品以下的品级。明仁宗的时候，就提高了内阁的地位，让内阁的官员们兼职做部院的尚书，这样内阁的官员从五品一下子跳到了一品，从皇帝身边的小秘书变成了朝廷大员。

明宣宗又实行"票拟"制度，让内阁官员把来自全国各地的奏章先审阅了，然后把处理意见写在一张纸上，然后再一起交给皇帝批改，这样就省去了皇帝天天从头到尾看奏章的麻烦，同时也极大地提高了内阁官员的权力。

但是所有经过"票拟"的奏章只有经过皇帝的批示，才可以实施，由于皇帝是用红笔在内阁的票拟上批示，所以皇帝的这一权力又被称作"批红"。

"票拟"的权力给了内阁，"批红"的权力仍掌握在皇帝手里。但是，明宣宗不愿意像他的太爷爷朱元璋那样整天日理万机，想找人帮助他批红，于是他把目光瞄准了宫里的太监，想让这些每天抬

▲ 明宣宗朱瞻基

知识链接

一品官

公元220年，曹魏的尚书陈群制定了"九品官人之法"，完善了曹魏的官员制度，史称"九品中正制"，中国的官员正式实施了量化分类的制度。

随着朝代的频繁更迭，各品的官阶进行了更详细的分类。例如，明朝建立内阁后，内阁大学士就是一品官员，知府是正四品官，知县是正七品官。

知识链接

明朝宦官组织

明朝宦官组织庞大而复杂，分为十二监、四司、八局，号称"二十四衙门"。其中十二监地位较高，包括司礼监、内官监、御用监等，这十二监的地位差遣各不相同。明朝初期，负责管理宫内嫔妃和宫女的内官监地位最高，三保太监郑和就是明初的内官之首。

▲ 明朝天顺景德镇窑青花花开纹双兽耳瓶

头不见低头见的太监给自己帮忙，为此他在宫里设立了"内书堂"，让太监们读书，太监们有了文化，就能帮助皇帝行使批红的权力。

不久，明宣宗的第一批帮手被培养出来了，他们知书达理，而且文笔不错。于是明宣宗就把他们调到宦官机构司礼监，然后让他们帮助自己处理内阁的票拟。

以后由司礼监的太监代理皇帝行使批红的权力就成为定制，这些为皇帝代笔的太监也有一个专门的称呼，叫司礼监秉笔太监。于是，天下唯一可以压制内阁票拟权的批红权就落到了太监手中。

明宣宗的目的本是为了减轻自己的工作压力，另一方面提高处理朝廷政务的效率。可是没料到太监的势力从此开始大起来，到了明朝中后期，再次出现了宦官专权的局面。

明宣宗本来是个很厚道的人，也是个好皇帝，他兢兢业业为老百姓办事，减轻农民赋税，解决边疆问题，派遣郑和第七次下西洋。但是人无完人，皇帝也一样是人，明宣宗的一些举措，比如让宦官参与朝政，对后来的明朝政治产生了不好的影响。

不管怎么说，现在全国上下基本上比较稳定了，经济开始恢复，农民开始安心种地，日本和朝鲜也和明朝保持着相对和谐的关系，少数民族问题也安顿妥了。皇帝是不是也要有点自己的享受和爱好了？明宣宗没事的时候喜欢微服私访，装扮成有钱人家的老爷，带上三两个保镖，骑着马在京城中品尝各色小吃，到各地旅游、打猎。

永乐盛世 | 盛世之君朱瞻基

　　他最喜欢的一项娱乐活动就是斗蛐蛐，因此他有个外号，叫"蛐蛐皇帝"。

　　明宣宗的身体比他爹明仁宗是好了很多，但终究比不过他太爷爷朱元璋。公元1434年，他的身体出现了情况，而且一天不如一天，连蛐蛐也玩不了了。到了第二年，这位被后世人称道的好皇帝在北京乾清宫驾崩，只活了38岁。

　　他在位的十年和他爹在位的一年是朝政清明，天下太平的好时候，被后世称作"仁宣之治"。

> ◆ 知识链接
>
> **秉笔太监**
>
> 　　秉笔太监是司礼监中仅次于掌印太监的一个职务。一般来说，掌印太监有一名，秉笔太监有数名。秉笔太监中有的握有"批红"的权力，也就是代皇帝批阅奏折，这是因为明朝中后期皇帝大都懒政，所以批红的工作交给太监做了。

闯关小测试

➡ 1. 五次北伐的明朝皇帝是（　　）

　　A. 朱元璋　　B. 朱棣　　C. 朱高炽

➡ 2. 给朱元璋上奏《太平十策》的明初才子是（　　）

　　A. 胡子琪　　B. 解缙　　C. 姚广孝

➡ 3. 被称为仁德之君的是（　　）

　　A. 建文帝　　B. 朱棣　　C. 朱高炽

参考答案：1. B　2. B　3. C

俘虏皇帝

物极必反，盛极必衰，这个历史规律在明朝也非常适用。明朝的前几任皇帝呕心沥血开创的盛世，到了明英宗手里发生了变化。在开始的几年，有明朝的三杨辅佐，社会还很稳定；但是到了后期，由于皇帝太小，太监王振把握了朝政，导致土木堡之变，皇帝做了俘虏，北方边患再起，虽然有于谦等一些忠贞清廉的大臣，但是也阻挡不了历史的步伐，明朝开始由盛转衰。

明英宗朱祁镇

公元1435年，明宣宗朱瞻基驾崩了，年仅九岁的太子朱祁镇当了皇帝，史称明英宗。

明宣宗在临死前见太子还很小，很不放心，就指定了五位大臣来辅佐他，这五个人分别是杨荣、杨士奇、杨溥、张辅、胡濙（yíng）。人算不如天算，皇帝虽然贵为九五之尊，但毕竟也是凡人，能知过去和现在，却不能预料未来。结果明宣宗千辛万苦给自己儿子选的五个辅政大臣，最后却敌不过一个

知识链接

九五之尊

九五指帝王的尊位，出自《易经》："九五，飞龙在天，利见大人。"中国古代把数字分为阳数和阴数，奇数为阳，偶数为阴。阳数中九为最高，五居正中，因此古代用"九"和"五"象征着帝王的权威，称为"九五之尊"。

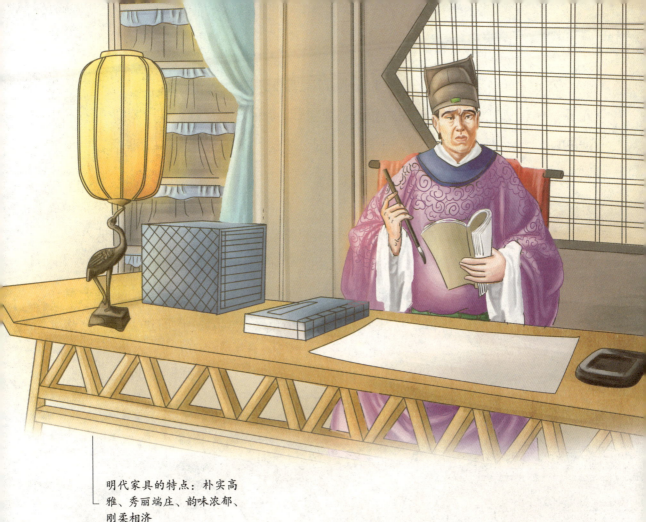

明代家具的特点：朴实高雅、秀丽端庄、韵味浓郁、刚柔相济

从小陪伴并教导他的太监王振。

　　王振很小的时候就进宫做了太监，而且被选入内书堂学习文化知识。后来他运气好被派到太子身边伺候，等太子即位成为新的皇帝，他就利用皇帝对他的依赖和信任，一步步地把皇帝的权力控制在自己的手中。他也没有什么能力，除了干坏事，好事一件都干不了，把朝廷闹得乌烟瘴气。

　　王振是个野心很大的人，在朝廷上作威作福还感到不满足，竟然想去战场上体验一下英雄主义。那时蒙古族瓦剌部逐渐强大起来，以也先为首的瓦剌军队，为了获得更多的粮食和纺织品，不断地侵扰明朝的北方边境。当时明朝不像当年朱元璋和朱棣时代大将云集，不过找几个能征善战的大将还是不难的，抵御也先的军队应该问题不大。可是根本不懂军事的王振却认为，只要明英宗亲自领兵出征就能把瓦剌军队吓跑，因此怂恿明英宗亲征。

公元 1449 年，明英宗在太监王振的蛊惑下，率领大军出征，像他的先辈朱元璋、朱棣远征蒙古一样，去消灭一直骚扰明朝北方的瓦剌军队。和他们一同出征的朝廷文武大臣包括英国公张辅、成国公朱勇、内阁成员曹鼎、张益等，文武精锐很多都随行。

在他们出发的同一天，在离他们几百里的大同就发生了一场大战，明军大败，领军大将宋瑛阵亡，随军的太监郭敬躲在草丛中装死，才逃过一劫。由此可见瓦剌军队的战斗力确实是很强的。

而这时的王振还做着英雄的美梦，带着二十万大军和皇帝，以及大明皇朝的精英继续向着死亡前进。终于在路上

> 此时明朝国力强盛，将士勇猛，综合实力远远超过瓦剌

碰到了逃回来的太监郭敬。太监郭敬做了一番添油加醋的描述,把瓦剌军说成是天兵下凡,把也先形容成三头六臂的怪物。

王振一听害怕了,因为他自己清楚自己有几斤几两。他能在朝中为所欲为是有皇帝听他的话;满朝文武大臣也听他的话,是因为忠于皇帝,保护自己的利益和小命。但是也先和瓦剌军队不会听他王振的,于是,王振命令全军撤退,打道回府。

在返京的途中,王振居然还想让皇帝带着大军经过自己的老家蔚(yù)县,去炫耀一下,结果走到半路又想起蔚县的大部分庄稼地都是他家的,这样大军过境,他

自信满满的明英宗

蛊惑皇帝的王振

▲ 明英宗朱祁镇

朱祁镇是明朝第六任以及第八任皇帝，朱祁镇先后两次当皇帝在历史上也是罕见的，其在位时间加起来共二十二年。

知识链接

纸老虎

纸老虎是一个常用的俗语，比喻外强中干的人。生活中那些自己本身没什么真本事，却总爱装样子吓唬别人的人，大家都可以说他是个纸老虎。

家的庄稼还不得遭殃？于是又让大军沿来路返回到大同，然后再回北京，年轻的皇帝朱祁镇和如此多的文武大臣就乖乖地听任他的摆布。

可他们的敌人也先是很精明的，他开始看到明朝大军返回，不知道怎么回事，没怎么敢追，但是等到明军从蔚县半路返回的时候，他就看清了这不过是一只庞大的纸老虎而已，于是他下令追击明军！

王振派朱勇率领四万大军前去阻击敌人，可是他们在鹞（yào）儿岭中了埋伏，被只有两万的瓦剌军打得全军覆没。得胜的也先擦干刀枪上的血迹，又开始追击明英宗。朱勇和四万明军的牺牲给王振争取了三天的时间，让他和皇帝得以从宣府逃到了土木堡。这里离边塞重镇怀来只有二十五里，只要进入怀来城，就算脱险了。但是糊涂的王振非要等掉队的一千辆车跟上来一起入城，这样就耽误了宝贵的时间。

不久也先的大军赶到了，八月十五日夜里，瓦剌军队在土木堡这个小地方展开了屠杀。因为连续行军，已经疲惫不堪的二十万明军根本就没有力量抵抗瓦剌军队，看到也先的军队杀来，他们唯一的本事就是逃跑，也先的军队跟在后面，一阵砍杀，顿时尸横遍野。

随军的四朝老臣张辅在战斗中被杀，驸马都尉井源遇害，兵部尚书邝埜（yě）被杀，兵部尚书王佐遇害，侍郎丁铉、王永和，内阁成员曹鼐（nài）、张益等人全部被杀。明军随军所带的众多衣甲器械和辎重，全部被也先所得，这个惨啊！

王振也在这次战斗中被杀死，可是杀死他的不是瓦剌士兵,而是明军的护卫将军樊忠。樊忠知道谁才是导致这次明军大败的元凶,气愤之中忍不住动了手,用铁锤砸烂了王振的脑袋。

明朝二十万大军在土木堡白白送了性命,也包括王振自己的性命,这在历史上称作"土木堡之变"。

战场上一旦选择逃跑,就很难再组织力量进行抵抗。因此,军队中对临战而逃的士兵给予严厉惩罚

皇帝做了俘虏

"土木堡之变"中,所有的人死的死,逃的逃。在这样的混乱中,有一个人却镇定自若地端坐在地上一动不动。没有人护卫他,都自身难保了,谁还顾得上他?他就是明英宗朱祁镇。他知道自己信错了人,导致全军覆没,他年轻,轻信,没有经验,把堂堂大明引向了危局。明英宗被俘,成了大明皇朝第一个也是仅有的一个被俘的皇帝。

这样的皇帝也真是可恨,亲信太监,任由太监胡作非为;不理朝政,任由太监专权,贪污受贿,滥杀无辜。但是,背后的真相是,这个皇帝是一个温文尔雅、善良的好人,他虽然没有领兵打仗的能力,没有亲力亲为的决断,但是当他被俘的时候,却临危不惧,一身正气,让企图杀掉他的瓦剌兵胆寒,让看守他的士兵以礼相待,不敢侮辱。

瓦剌军怎么对待战俘可想而知,但明英宗在被俘期间,却从没有因为自己的身份对敌人卑躬屈膝,他始终不卑不亢,身边的人都被他感化了。特别是也先的弟弟伯颜贴木儿,作为一个长期征战的武将,他原来是很瞧不起这个打了败仗被俘虏的皇帝的,但随着两人接触增多,明英宗用自己的人格魅力不断地影响着他,伯颜贴木儿渐渐开始欣赏并喜欢这个人了。他甚至带着自己的妻子去看望明英宗,并且对他礼遇有加。

　　这种情况让也先很生气,他决定半夜潜入明英宗的帐篷,把他杀掉。但是,在夜深人静,也先正要动手的时候,却突然狂风大作,天雷滚滚,也先的马竟然被雷劈死了。这下把也先吓得不轻,他以为老天爷在庇护明英宗,对他的做法生

国不可一日无君,在封建时代,倘若皇帝的位子出现空缺,就会有很多人蜂拥而上争夺皇位,导致国家内乱。因此,明英宗被俘后,朝中大臣为稳定局势,必须尽快另立皇帝

气了，吓得他打消了杀害明英宗的念头。

但是，明英宗再有人格魅力，他的善良影响的都是善良正直的人，坏人是不会被他感动的，明英宗的太监喜宁就是坏人之一。自从明英宗被俘，喜宁就投降了也先，他背恩忘义、厚颜无耻地开始了他的叛徒生涯，他总想着为也先出谋划策，想着怎么利用明英宗骗开明朝边关的城门。

明英宗也感到了威胁，他与忠心耿耿的臣子袁彬和哈铭密商，订下了一个完美的计划。公元1450年，明英宗主动找到也先，说愿意配合他到京城索要赎金。但是必须派喜宁和另一个叫高磐的人同去。也先根本没意识到这是一个计谋，愚蠢的喜宁当然也没料到。

出发前的夜里，袁彬暗地里把一封密信交给高磐，信上只有八个字，意思就是让明朝大臣把喜宁给杀了。一行使者到了宣府，高磐暗地里把这份密信交给了宣府的都指挥使江福，江福于是假借宴请喜宁，在城外埋伏下伏兵，把喜宁这个叛徒抓了起来，后来喜宁被明英宗的弟弟明景帝下令凌迟处死。

明英宗在瓦剌军营中苦苦等待着，这时他的皇位已经被他的弟弟明景帝朱祁钰取代了。他只是希望回到他出生的地方，和他的妻子钱皇后安静地度过余生，但是当了皇帝的弟弟不想让他回去。

知识链接

钱皇后

孝庄钱皇后是明英宗的皇后，和英宗感情很好，她之所以能当上皇后，就是因为她良好的人品和修为。英宗被瓦剌部俘虏后，其他人准备立新君主，其他妃嫔也不敢出头，但是钱皇后却变卖自己的银两，坚持将自己的丈夫赎回来。因为日夜思念丈夫，她常常哭泣，为此伤残了一条腿，哭瞎了一只眼睛。

英宗被放出来后，没有嫌弃她，反而更喜欢她了，直到英宗复位后才将她复立为皇后。

▼ 明代青花僧帽壶

两袖清风的于谦

明英宗的弟弟是怎么当上皇帝的呢？这还得从一位大臣说起，是他拥立明英宗的弟弟朱祁钰当了皇帝，他就是流芳百世的明朝贤臣于谦。公元1398年，明太祖朱元璋驾崩了，但是，上天作为补偿，在这一年送来了一位挽救明朝于危亡的英雄，那就是于谦。

于谦生于浙江钱塘县。由于从小家庭环境还算优越，于谦的父母为他请了老师，他在自己的书斋度过了无忧无虑且发奋努力的童年。后来于谦一直很顺利，他做了官，还得到了皇帝的重用。朱高煦叛乱失败被捕后，明宣宗派于谦去数落朱高煦的罪行，于谦慷慨陈词，声色俱厉，骂得朱高煦趴在地上不住地颤抖认罪。

公元1430年，年轻的于谦被明宣宗任命为兵部右侍郎，并先后巡抚河南、山西等地。在这期间，于谦没有辜负皇帝和朝中支持他的大臣的期望，工作兢兢业业，为官清廉，为老百姓办了很多实事，深受老百姓的爱戴。

明英宗在位时，朝中宦官王振掌权，王振非常贪婪，所有进京汇报情况的官员都必须给他带点礼品，否则，就不会有好日子过。但于谦不吃他那一套，很快就被王振关了大牢。

在牢里于谦也不示弱，他大骂王振，这一骂居

▲ 仰慕文天祥的于谦

于谦小时候就刻苦读书，胸怀大志。他最敬佩的人是南宋的爱国将领文天祥，因此他将文天祥像挂在大厅的墙上，几十年如一日。

土木堡之变后，瓦剌首领提议把明英宗送回北京，但是狮子大开口，提出了要钱要地的要求。但是于谦以"社稷为重，君为轻"的理由拒绝了，而且他建议把明英宗封为太上皇，明英宗复位后因此记恨于谦，这也是他杀死于谦的一个理由。

然让王振吓得不轻,他觉得这个于谦后台很不得了,就把于谦给放了。这充分说明了有些小人其实是欺软怕硬。

于谦出狱后,有人悄悄地对他说:"哎,老兄,既然人家都把你放出来了,稍许意思一下,给王太监送点礼,把你们两个的关系缓和一下,何乐而不为呢?"但是,在牢里大骂王振的于谦出狱后依然秉承了自己清廉的原则,不仅不予理会,还做了一首诗来回复:"绢帕麻菇与线香,本资民用反为殃。清风两袖朝天去,免得闾(lú)阎(yán)话短长。"

我国历史上,曾涌现出一大批敢于为民请命,刚正不阿,不惜丢官罢职的直臣廉吏

在这次事件中，于谦不仅毫发无损，而且，还为中华文化创造出了一个完全褒义的成语"两袖清风"！

正统十四年（1149年）秋天，发生了土木堡之变，明朝精兵二十万全军覆没，皇帝明英宗被俘，瓦剌太师也先一路杀来，包围了京城。城中除了老弱妇孺就是残兵败将，还有一个监国的皇弟朱祁钰和一群在战与逃之间摇摆不定的大臣，全城一片大乱，很多大臣都主张南迁，说得难听点就是逃跑，保命要紧，什么江山社稷，都没有自己的生命重要。在这个关键时刻，于谦站了出来，坚决反对南迁。"建议南迁之人，该杀！"他义正词严地训斥了想要逃跑，极力主张南迁的大臣徐珵（chéng）。

> **知识链接**
>
> **"两袖清风"**
>
> 由于古代的衣服没有口袋，人们会把口袋缝在袖子里。古代的贪官会把收受的钱财放到这里。倘若为官清廉，没有受贿，袖子里就什么都没有，只有清风。因此，"两袖清风"就用来表示官员廉洁。

于谦的一番怒吼震醒了那些在保命和报国之间犹豫不决的大臣，他们想想于谦的话也有道理，就是南迁，以也先这样的猛攻架势，南方也不一定守得住，自己也不一定能保住性命，还不如硬气一把，跟也先一拼，到头或许还死得其所，弄一个千古流芳。监国朱祁钰也坚定了抵抗到底的决心，把防守北京的重任交给了于谦。

于谦的第一步是稳定军心，他把各路来援的军队一起调入京城，来保卫北京，还让他们在路过通州的时候，把通州粮仓的粮食也一起运过来，以保证京城粮草充足。在这些部队到京后，他加紧军队的训练，修补城墙，完善京城防卫，大小关隘、要塞据点都安置了人员防卫。

正统十四年十月，也先开始进攻北京，他的目

▲ 明代镶宝石金蝴蝶

标是北京外城九门：德胜门，安定门，东直门，朝阳门，西直门，阜成门，正阳门，崇文门，宣武门。

大多数人认为也先乘胜而来，实力又比明军强很多，最好的办法是坚守不出，等他们疲惫了自然会退兵。于谦站出来说："也先率大军前来，气焰嚣张，如果坚守不出，只会长他人志气，灭自己威风，我大明开国至今已近百年，当年高皇帝（明太祖又被称作高皇帝）布衣出身，尚且纵横天下，我们怎么可以惧怕一个小小的也先！"

于是于谦下达了第一个命令："大军全部开出九门以外，列阵迎敌！"

接着于谦又下达了一系列命令："锦衣卫巡查城内，但凡查到有盔甲军士不出城作战者，格杀勿论！"

"凡守城将士，必英勇杀敌，战端一开，即为死战之时！"

"九门为京城门户，现分派各位将领把守，如有丢失者，立斩！"

"临阵，将不顾军先退者，立斩！"

"临阵，军不顾将先退者，后队斩前队！"

"敢违军令者，格杀勿论！"

于谦一连下了几条这种必斩的命令，那些士兵都清清楚楚地记住了：战或许会生，不战，就肯定会死！

最后，于谦下达了最后一道命令："大军开战之日，众将率军出城之后，立即关闭九门，有敢擅自放入城者，立斩！"

于谦一马当先，自己带领士兵防守瓦剌骑兵最

▲ 明代火龙出水（模型）

知识链接

锦衣卫

锦衣卫是明朝专有的特务机构，其职能是用来搜集情报。首领是锦衣卫指挥使，一般由皇帝非常信任的武将来担任，直接向皇帝汇报。

后来出现的东厂和西厂与之类似。

先攻击的德胜门，他让使用火器的神机营埋伏在位于也先部队前往德胜门的必经之路的民居中，当瓦剌骑兵冲进伏击圈的时候，神机营士兵从民房中冲出来，开始各种攻击，一万瓦剌大军立刻崩溃，几乎全部被歼灭。明军将士们奋死拼杀，在于谦的正确军事方针的指导下，最终打败了也先的瓦剌骑兵，保住了北京城，

取得了最后的胜利。

从一盘散沙到众志成城，从兵临城下到大获全胜，北京保卫战创造了一个力挽狂澜，以弱胜强的奇迹，而这个奇迹的创造者就是于谦。

于谦挽救大明帝国于危难，但他后来的结局却不好，当初他为了抵抗瓦剌，拥立明英宗的弟弟朱祁钰为皇帝，后来明英宗复位，将于谦以"迎立外藩"的罪名处决！

于谦从小满怀报国志，身居高位却清廉正直，不畏困难，在国家最危难的时候挺身而出，挽救了国家，不愧为一代英雄。他的一首《石灰吟》正是他一生清白的写照："千锤万凿出深山，烈火焚烧若等闲。粉骨碎身浑不怕，要留清白在人间。"

> **知识链接**
>
> **于谦创设团营制**
>
> 经历了北京保卫战后，于谦选取了三大营军15万人，分为十营团体操练，名为"团营法"，他发现这种方法能大大加强军队作战能力。

闯关小测试

1. 临危受命而当上皇帝的人是（　）
   A. 明宣宗　　B. 明英宗　　C. 明景帝

2. 明朝官员中，赢得两袖清风美名的是（　）
   A. 于谦　　B. 王直　　C. 袁彬

3. 明英宗时期的大太监是（　）
   A. 赵高　　B. 李林甫　　C. 王振

参考答案：1.C　2.A　3.C

皇位之争

在土木堡之变中,明英宗朱祁镇被俘,朝中大臣为了明朝的稳定,让朱祁镇的弟弟朱祁钰暂时代理皇帝。但是在权力的诱惑下,明英宗朱祁镇回来后,却被朱祁钰软禁起来。受尽磨难后,明英宗不得已第二次夺取了皇位。

 ## 皇权的诱惑

明英宗朱祁镇被太监王振怂恿着去亲征的时候,京城也需要有人坐镇,于是明英宗在走之前,把他的弟弟朱祁钰找来了,让朱祁钰镇守京城,等着他回来。

没想到他竟一去不复返,被也先捉住了还不算,还被也先当了人质,向明朝要这要那。更有甚者,也先还把明英宗安排在瓦剌军队的先锋部队,不论到了哪儿都先用他开路,明朝军队碍着有自己的皇帝在先锋营里,也不敢放开了打。明朝军队本来就弱,精锐部队都死光了,剩下的在于谦带领下,死命抵抗也先的强悍士兵,还得顾忌不要伤着他们的皇帝。

见此情景，于谦和朝中的大臣一合计，大明朝是天下人的，不是明英宗一个人的，皇帝没了可以再立一个，大明朝没了事情就严重了，于是他们决定再立一个皇帝，镇守京城的皇弟朱祁钰就成了最佳人选。

朱祁钰是个性格温和的人，对皇权本没有什么野心。在镇守京城的这些日子里，朝中大事让他伤透了脑筋。明英宗被俘后，孙太后在朝廷大臣的支持下任命朱祁钰为监国。当时正值风雨飘摇之际，局势混乱，朝中大臣因为王振瞎指挥导致土木堡之变让全军蒙难，朝臣把罪责都算到王振的同伙身上，竟然当着朱祁钰的面，在朝堂上徒手打死了王振的三个同党。这太可怕了，当皇帝还有生命危险，这皇帝真不是人干的，于是当于谦和一众大臣让朱祁钰接班当皇帝的时候，他直截了当地拒绝了。

于谦说："臣等诚忧国家，非为私计。"没办法，不当也得当，朱祁钰被逼着当了皇帝。公元1449年，朱祁钰正式即位，定年号为景泰，史称明景帝。

北京保卫战于谦力挽狂澜，以弱胜强，打退了瓦剌军凶猛的进攻，明景帝朱祁钰，这个当初被逼当上皇帝的人也由于这次胜利获得了极大的威望，稳固了他的皇位。

明朝有了新的皇帝，明英宗就成了太上皇，明朝不需要他了，也先也利用不了他了，好几次都派使臣去找明景帝——大明朝的新皇帝商量，把那位太上皇送回去。开始时他漫天要价，想要

> **知识链接**
>
> **朱祁钰**
>
> 　　朱祁钰是明朝第七位皇帝，明宣宗朱瞻基次子，明英宗朱祁镇的弟弟。明英宗被俘虏后，朱祁钰被大臣们拥上皇位。
>
> 　　他重用于谦等大臣，将瓦剌击退，取得北京保卫战的胜利，进而巩固了大明朝的江山，使得百姓免遭兵祸，功不可没。

拿明英宗多换点好处,但是后来看着明朝根本没接回明英宗的意思,就降低了条件,多少给点就行了,即使这样,明景帝还是不答应。

　　明景帝不愿接明英宗回来不是吝惜财物,他是当皇帝当上瘾了,根本不想把皇位还给明英宗。朝中大臣看不下去了,礼部尚书王直觉得太上皇被俘在外实在很丢人,上书明景帝,说皇帝您的位置已经确定了,就让太上皇回来吧,他就是回来享受晚年而已,不会威胁您的地位的。

被逼上皇位的朱祁钰

这下明景帝生气了，有些事情明明所有人都知道，但是不能说出来，王直说出来了，所以明景帝恼羞成怒，专门写了一篇文章来答复他。他在文章中说："我不是不想接太上皇回来，他是我哥哥，我不比你们更想他？也先那么狡猾，要是他趁机进攻，怎么办？你说的都对，但是，这皇帝是我愿意干的吗？当初还不是你们逼我的？"

王直终于知道自己踩到皇帝的痛处了，不敢再说了。但是也先不怕，他一天都不想再养着明英宗了，哪怕不给东西，我白送了，只要你们来接回这尊佛就好。明景帝也很大方，明英宗送你们了，我们不要了。

于谦对明景帝说，皇帝的位置已经定了您，这是上天的旨意，是不能变的。但是，为了边境的安全，还是派人去和瓦剌谈一下吧。他这句话给明景帝吃了定心丸，明景帝这才笑逐颜开，对于谦说："就依你。"

但是他派出的使者却是在朝廷里没啥名气的右都御史杨善，而且他什么东西也没给明英宗带，只给瓦剌写了一封国书，上面连明英宗的名字都没提。他的意思很明显，别让明英宗回来，最好是也先勃然大怒，一刀结果了明英宗，这样他就没有后顾之忧了。

可是人算不如天算，明景帝派杨善去本来就是敷衍了事，可他没想到，杨善最后竟然克服了各种艰难险阻，把明英宗接了回来。可见大明朝是人才济济，任何事情办不到只是没有去用心办，天下无

> **知识链接**
>
> **王直安抚群臣**
>
> "土木堡之变"后，出征的明军几乎全军覆灭，英宗也被瓦剌军所俘虏。
>
> 为了不让大明朝发生内乱，朱祁钰被于谦、王直等拥立即位，尊英宗为太上皇。当时变乱发生得太突然，群臣的建议纷纷呈上，都是让王直出主意。
>
> 但王直自己认为比不上于谦，就把问题推给于谦，让他做决定，他只是按部就班地安抚各个大臣。

难事，只怕有心人。

明英宗终于回到了生他养他的故乡，他曾君临天下的皇宫，在他看来是如此亲切，但是，除了冰冷的雕梁画栋对他亲切外，所有人都躲得他这个太上皇远远的，他的弟弟把他打发到偏僻的南宫幽禁起来，就再也没有理他，任他自生自灭。

这就是在皇权诱惑下的兄弟情谊。

第二次当皇帝

明英宗终于从瓦剌军中回到了明朝京城北京的皇宫，但是这里已经不是他的天下了，除了苦苦等待他的钱皇后，没有人对他有一丝温情，他的弟弟——现在的皇帝对他除了排斥就是担心，把他远远地幽禁在南宫，希望他老死在那里。

明英宗不仅被软禁在南宫，身边还有人监视他，那个被派来监视明英宗的人叫阮浪。在南宫的孤寂生活中，明英宗和阮浪成了好朋友，在平时他们经常说说话，聊聊天。明英宗在患难之中得一知己，万分珍惜，把自己随身的金绣袋和一把镀金的刀送给了阮浪，没想到被人发现，告到明景帝那里。明景帝正好找到了借口，严加审问，但是阮浪却是个正直的人，也是个坚定的人，他宁死也没有诬陷明英宗。

明景帝没有抓到把柄，明英宗却明白了一个道

> **知识链接**
>
> **善于雄辩的杨善**
>
> 一没钱，二没物，三没皇帝的说法，杨善接受的是一个看起来不可能完成的任务。但他靠着巧言善辩，连吓带哄，说动了也先，在没有皇帝的旨意下迎回了明英宗，这样才有了后来徐有贞等发动的"夺门之变"，让朱祁镇成功复辟登基。

▲ 明代景泰蓝方壶

理，他的弟弟是不会放过他的，在这场权力的较量中，只有胜利者才能活下去。

公元1453年，明景帝的儿子——太子朱见济去世了，朝中的大臣上书皇帝，还是让原来的太子——明英宗的儿子朱见深当太子吧。明景帝不同意，他已经和明英宗势同水火，如果让朱见深当太子，对他非常不利。可是他又没有别的儿子可立，心急如焚，再加上国事操劳，明景帝的脾气变得越来越暴躁，疑心病也越来越重。

不久之后，又有两个大臣公然上书，要求复立朱见深为太子，而且言辞尖刻。明景帝看了勃然大怒，连夜把这两个大臣抓起来，严刑拷打，让他们说是明英宗指使他们这样说的，但是这两位大臣也是硬骨头，打死也不说。明景帝不但没有把事情解决，反而引起了更大的风潮，大臣们纷纷上书，要求复立朱见深为太子。明景帝又一次见识了大明朝文官的厉害，他的情绪也疯狂到了极点——看看谁厉害！他动用了朱元璋原来采用的手段——廷杖，谁再说立朱见深就打谁，一个也不放过。一时间，皇城前血肉横飞，惨叫连连，明景帝用暴力镇压了文官的反抗。

可是他也已筋疲力尽了，连年的猜测怀疑，连年胆战心惊地提防着在南宫的哥哥，再加上国事操劳，他的身体彻底垮了，连祭祀都去不了了，只能叫一个人代替他去。

这个人叫石亨，他因为在北京保卫战中立下大功，被封为侯爵。但是石亨很有野心，觉得这是他飞黄腾达的机会，千载难逢，于是他找了两个同谋——曹吉祥和张𬨎（yuè），然后他们又找到一个对明景帝和现在的朝廷满怀仇恨的人——徐有贞，原名徐珵。当年瓦剌大军逼近北京，他因为主张南迁，遭到于谦和群臣的斥责，北京保卫战胜利以后，他在朝廷中更无立足之地，被所有人嘲笑。他被赶出北京，把名字改为徐有贞，暂时苟且偷生，准备有朝一日东山再起。现在机会来了，他们一拍即合。

正月十六日夜，石亨将张𬨎率领的一千军队放进了内城，向南宫进发，由于宫门紧闭，军士用木桩把宫门撞开，把被囚禁了七年的明英宗放了出来。然后，一群人簇拥着太上皇来到了东华门。

东华门是宫城的大门，只要进入东华门，到奉天殿敲响钟鼓，召集百官，天下将再次掌握在明英宗的手中。但是他们没有东华门的钥匙，东华门也撞不开，在这关键时刻，明英宗大喊："我是太上皇，开门！"

守门人把门打开了。没有经过厮杀，没有经历血雨腥风，没有伤亡，明英宗夺回了原属于他的一切。就这么神奇，历史让他第二次当上了皇帝。被废的明景帝，与哥哥互换了角色，被幽禁起来，不久就病死了。

> **知识链接**
>
> **廷杖**
>
> 廷杖就是在朝廷或者官门对大臣予以笞杖之刑。据说这种制度最早开始于汉朝，在明代则成为惩罚官员的一种常见手段。被廷杖的朝臣轻则被打得血肉模糊，严重的甚至会被活活打死。
>
> **殉葬制度**
>
> 在古代，帝王或者贵族死后往往会让其宠爱的活人跟着殉葬。殉葬者有被活埋的，也有被杀或自杀后陪葬的。

▲ 明代菊瓣式高足金杯

古代的门多是用木头制作,士兵抬起木棍连续撞击,门很快就被撞开

明宪宗和万贵妃

公元1464年，明英宗三十七岁，虽然年龄并不大，但是经历了大漠的烽火，宫廷的争斗，兄弟的相残，他的精力已经耗尽了。在他将要告别这个世界的时候，他把他的儿子朱见深叫了过来。

明英宗对自己的儿子交代了一件事，让朱见深跪在他床前郑重地承诺，废除明朝自朱元璋开始实行的殉葬制度，从他开始，大明朝的皇帝死了就自己去吧，别让那些年轻的还没有活够的女人去陪他死了。也许在明英宗的心里，是害怕在他死后，他深爱并且深爱他的钱皇后被朱见深和他的亲妈列入殉葬的名单里。但是，多亏了他这次大发慈悲，许多可怜的后宫女子才幸免于难，这也许是昏庸一世的明英宗所做的唯一正确的事吧。

公元1464年，朱见深正式当上了皇帝，他就是明宪宗。

朱见深出生在皇宫，是未来皇位的继承者，本来应该一帆风顺，但是这一切却因为他爹明英宗的一次倒霉的亲征全部改变了。

明英宗被俘，朱祁钰当了皇帝，朱见深的奶奶孙太后为了保护自己的这个孙子不被朱祁钰害了，就把自己身边的一个亲信的宫女派去照顾朱见深，这个宫女姓万。

> **知识链接**
>
> **西厂**
>
> 西厂为明朝三大特务机构之一。宪宗朱见深即位后为进一步加强情报的搜集，开始设立西厂，由大太监汪直任提督，除了搜集情报以外，西厂也是用来和当时更大的情报部门——东厂抗衡的。西厂规模比东厂更大，声势在锦衣卫之上，气焰嚣张。全国上下西厂无所不在，无论国家大事还是鸡鸣狗盗之事都在他们的管辖范围之内，弄得人们惶惶不可终日。1482年，西厂被宪宗关闭。

▼ 明代大碗口铜火铳

自有后宫以来，后宫的争斗就未曾停歇，万贵妃的遭遇只是一个缩影

于是这个姓万的宫女陪朱见深度过了他苦难的童年。在他最孤独无助的时候，他的父亲没在身边，母亲也不在身边，只有这个姓万的宫女，默默地给他安慰，照顾他的生活，让他在冰冷的深宫里感受到了少有的温暖，慢慢地在明宪宗的心中，这个姓万的宫女变得不可替代。

朱见深当了皇帝以后，这个姓万的宫女就成了万妃，虽然她已经三十五岁，而皇帝才十八岁。

但是年龄根本不是问题，万妃得到了皇帝的宠爱，而且经久不衰。年轻气盛的吴皇后当然不愿意，她仗着自己显赫的身世背景，让人把万妃痛打了一顿，当然是因为争风吃醋。

万妃挨打后，就去皇帝那里告状。皇帝非常生气，他废掉了吴皇后的皇后名分，还把吴皇后的父亲免官充军，而且这件事还牵连了好多官员。

明宪宗朱见深在心里把万妃当成了自己的患难妻子。在他心里，万妃是个善

▲ 明宪宗朱见深

良、贤惠的人，然而真正的万妃是这样的人吗？

在明宪宗当皇帝的第二年，万妃给皇帝生下一个儿子，万妃因此被封为贵妃。如果不出意外的话，这个儿子很有可能就是未来的皇位继承者，偏偏他命不长，夭折了。万贵妃当时已经三十八了，再生育是很难的。

皇帝还有其他的妃子，按理说生个儿子是没什么问题的，可是许多年过去了，众多妃子竟然连一个孩子都没有生出来，大臣们坐不住了，纷纷上书，让皇帝雨露均沾，再怎么皇室也得有个继承人呀。

明宪宗不知道的是，不是那些妃子们生不出孩子来，而是因为所有怀上皇帝孩子的妃子或宫女都被万贵妃逼迫堕胎了。后宫的人都知道，在皇帝心中善良可信的万贵妃，实际上是个争风吃醋而且心狠手辣的巫婆。

公元 1465 年，都检院都御史，远征军指挥官韩雍在平定两广叛乱后，把当地的一些年轻女孩带回京城，其中有一个姓纪的姑娘。这位纪姑娘被派到宫里，在内藏库管理皇帝的私房钱。

有一天，皇帝突然闲来无事，走着走着就溜达进去了，看见了纪姑娘，在攀谈之中对她产生了好感，就留宿了一晚，不久纪姑娘就怀孕了。

尽管纪姑娘千方百计地隐瞒，但最后还是被万贵妃听到了风声。万贵妃于是派人去调查此事，派去的那个人也许是看着纪姑娘可怜的样子于心不忍，就回去告诉万贵妃，没有这回事。

宫里的太监和宫女都知道这件事，但是却没有

> **知识链接**
>
> **吞金而死**
>
> 吞金而死是指人通过吞下金子或金首饰来自杀的一种行为。黄金本是没有毒性的，只是黄金比重大，加上不能被消化，最终使人疼痛而死。

皇位之争 | 明宪宗和万贵妃

一个人说出来,就这样,一个顽强的小生命诞生了。但是他仍然面临万贵妃的迫害,宦官张敏就抱走了这个孩子,找了宫中一间空置的房子安顿了他,并和宫里的其他太监商量,从他们微薄的收入中节省下来一些钱喂养这个孩子。

这个未来的帝国统治者,在宫里的太监和宫女的全力保护下,倔强(jiàng)地成长着。

这个孩子长大了一些,宫女们和太监们已经没有能力养活他了。这时候,被废的吴皇后走了出来,担负起养育孩子的重任,就这样,这个生来不幸的小皇子——未来的皇帝慢慢地长大了。

有一天,明宪宗看到自己镜中未老先衰的面容时,也开始发愁自己后继无人。这时太监张敏终于告诉了皇帝真相,于是,明宪宗见到了自己五岁的儿子,这个正在后宫安乐堂玩耍的孩子。

于是明宪宗接回了自己的儿子,取名朱祐(yòu)樘(chēng),并立他为太子,宫里皆大欢喜。万贵妃却崩溃了,她下手害死了太子的生母,宦官张敏也被迫吞金而死,然后,她又把罪恶的黑手伸向了太子。可是当时的皇太后周太后早已料到万贵妃不会善罢甘休,她把朱祐樘护在自己身边,一刻不离,才没让万贵妃得逞。

从此，万贵妃像斗败的公鸡，再也打不起精神了，后宫的妃子们又不断地给明宪宗生下了十几个儿子。

成化二十三年（1487年）春，万贵妃在宫中去世。同年八月，常年服食春药仙丹的明宪宗也去世了，也不过四十周岁。

> **知识链接**
>
> **王恕**
>
> 王恕是明代中期名臣，历仕英宗、代宗、宪宗、孝宗、武宗五位皇帝。他性格刚正不阿，不趋炎附势，屡上谏言，政绩突出，在其辅佐下，明孝宗朱祐樘实现"弘治中兴"，他与马文升、刘大夏合称"弘治三君子"。

被太监养大的皇帝

明宪宗当皇帝的时候，除了过度宠幸万贵妃，让万贵妃的势力如日中天外，他还宠信太监，当时太监的权力不可一世。而且由于明宪宗和许多皇帝一样也想长生不老，对制作丹药的术士也放任他们胡闹，致使朝中乱象丛生，各类乌七八糟的跳梁小丑争相上演历史闹剧。

明孝宗登基之后首先把这些乌烟瘴气的东西清理个干干净净，该杀的杀，该关的关，该充军的充军，使朝堂上下又恢复了一片清明。

然后，明孝宗要为自己的母亲报仇，为自己报恩。万贵妃死了，可她还有亲戚，他的弟弟万安被明孝宗勒令滚蛋。但是明孝宗是个气度宽厚的君子，没有再深究下去，得饶人处且饶人，死者死已，就这样算了吧。为了报恩，明孝宗召回了当年保护过他的太监怀恩，把他官复原职。明孝宗还把曾经养育过他的吴皇后请出来，把她当做自己的母亲来奉养。

▼ 明代水田衣展示图

▲ 明孝宗朱祐樘像

虽然在深宫的太监、宫女身边长大，但明孝宗气度非凡，能力超群，而且不像他父亲明宪宗那样怕麻烦。在明宪宗的时候，有个官员叫王恕，每天上朝，别人都不说话，而他却说起来没完。他工作认真负责，正直勇敢，不管是皇亲国戚，还是达官显贵，只要谁干了坏事，他会一天连上几道奏折，直骂到那个人改正为止。而且，他每天都要向皇帝提很多建议，他在朝上讲话别人根本插不上嘴。明宪宗是个怕麻烦的人，他烦透了王恕，干脆把他调离朝廷。

即使这样，王恕也会每天写奏折，保证让皇帝每天看到奏折就想起他。最后明宪宗忍无可忍，就让他退休回家，才消停下来。

明孝宗当了皇帝之后，又把王恕召了回来，任命他为吏部尚书。虽然这时候王恕已经七十三岁了，但他老当益壮，干起工作依然不含糊，上任以后就开始整顿官场，而且不久又拿皇帝开刀，他自己一个人占据了早朝的时间还觉得不够，竟然要求皇帝中午也要上朝，明孝宗竟然答应了。这要是碰上慵懒的皇帝是万万不会同意的，但是明孝宗是明君，他不喜欢明宪宗时那一套乱七八糟的东西，想励精图治当一个好皇帝。

另外明孝宗还召马文升进京担任兵部尚书。马文升更厉害，一上任就开始整顿兵部，将不胜任的官员，罢官的罢官，降职的降职，一时间朝廷上下混日子的、贪污的都被收拾了。一些被他降职的武将竟然寻思报复，有的在他家门口埋伏，想等他出

知识链接

李东阳

李东阳（1447年-1516年），字宾之，明朝中期重臣，与刘健、谢迁组成内阁，共同辅佐明孝宗。除此之外，李东阳还是茶陵诗派的代表人物，有《怀麓堂稿》《怀麓堂诗话》《燕对录》等。

来的时候用弓箭射死他，还有人在明孝宗面前说马文升的坏话，但明孝宗始终信任、器重马文升。

除了这两个人之外，明孝宗还任用贤臣李东阳、刘健、谢迁组成内阁，当时人们对这三个人的评价是"李公谋，刘公断，谢公尤侃侃"，他们靠自己的计谋和决断，帮助明孝宗成就了盛世局面。

明孝宗因为在年少时经历了太多苦难，对黑暗势力非常憎恨，所以他任人唯贤，亲贤臣远小人。而且他工作非常积极，甚至不顾惜自己的身体，夜以继日地操劳，这让他的身体很快就支撑不住了。三十多岁他就疾病缠身，奄奄一息了。

他没有享受太多当皇帝应该享受的荣宠，却承担了所有皇帝应该承担的责任，他励精图治，开创了一代盛世。由于明孝宗时期的年号是弘治，历史上把这段盛世称作"弘治中兴"。

> **知识链接**
>
> **文征明**
>
> 文征明和唐伯虎是好友，同祝枝山、徐祯卿同为"吴中四大才子"。他在诗、书、画各方面具备广博的修养，他的诗作被后人称为"传情而发，娟秀妍雅"；他的书法具有俊迈清拔的风格；他的绘画构图平稳，笔法端正，设色典雅。他是一个全能人才。

▼ 明代楼阁人物金簪

明朝才子唐伯虎

在 明孝宗时代，有一个人不得不提，这个人在当时混得并不怎么样，但是在当今，他的名气却很大，连外国人也知道他。他就是一代才子唐伯虎。

唐伯虎是一个天才，他很小的时候，周围的人就这样形容他。因为不论读书、画画，还是干别的事情，他都不需要付出多大努力，却能干得相当出色,放到现在,应该是天天打篮球,玩游戏,但是门门功课却都第一的人。唐伯虎十八岁的时候,他就被人们誉为"吴中四才子"之一,另外三个才子是他的好朋友祝枝山、文征明和徐祯卿。

弘治十一年,唐伯虎准备参加应天府的乡试,在考试前,他口出狂言,说这次考试我唐伯虎一定是第一。他对自己的朋友这样说,大家也都相信。果不出他们所料,发榜的时候,唐伯虎成为应天府的解元,也就是第一名。他的文章写得非常精彩,主考官特意把卷子留下来,让另一个人看,这个人叫程敏政,他后来是第二年唐伯虎进京考试的主考官。

弘治十二年,唐伯虎赴京赶考,路上结识了一个同样上京赶考的富二代,叫徐经。徐经早就听说过唐伯虎的大名,非常崇拜他,一路上给他包吃包住,一同上京赶考。

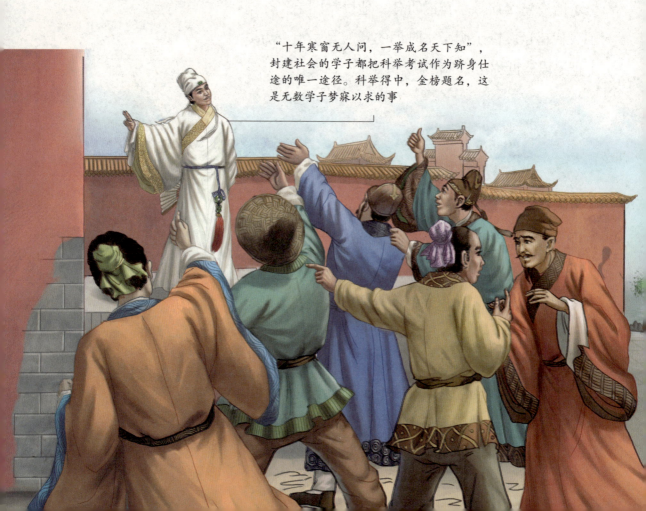

"十年寒窗无人问,一举成名天下知",封建社会的学子都把科举考试作为跻身仕途的唯一途径。科举得中,金榜题名,这是无数学子梦寐以求的事

考试一切都进行得很顺利,考完以后,唐伯虎信心满满,和上次乡试时同样狂妄,在大庭广众之下扬言,这次的第一名还是我!

这就有点作死了,虽然你唐伯虎文名满天下,但是在你老家人们还吃你这一套,在京城,人才济济,你敢说这话!知道的说你狂妄瞎说,不知道的,说你怎么这么肯定?难道你提前知道了题目?

事实就是这样发生了,有人听到了他的这句话,很快就向朝廷反映,主考官们也不敢怠慢,立刻报告了内阁大学士李东阳,而李东阳第一时间报告了皇帝。

明孝宗当即下令核查试卷,和传言中所说的一样,唐伯虎确实是金科会元的不二人选。而这次考试的主考官正是程敏政,这时明朝闲不住的言官们跳出来一通乱说,给事中华昶(chǎng)跑到朝廷告状,说主考官程敏政把考题卖给了唐伯虎和徐经,所以尽管题目如此晦涩难懂,别人都没见过,他们两个却答得如此绝妙。

李东阳本来还想救他们一下,可现在也没办法,只好把唐伯虎和徐经,还有主考官程敏政一起抓到了牢房,罪名是合谋作弊。

经过审理,礼部侍郎程敏政与考生合谋作弊没有证据,但是法官最后的判决却是原告被告各打五十大板,程敏政被贬官,赶回老家,不多久就忧郁而死。两个涉案的举人徐经和唐寅,都被取消举人资格,并且贬为小吏,还下令永远不许他们再参加科举考试。而那个告状的华昶,也被贬官,罪名

> **知识链接**
>
> **《桃花庵歌》版本一**
>
> 明·唐寅
>
> 桃花坞里桃花庵,
> 桃花庵下桃花仙。
> 桃花仙人种桃树,
> 又摘桃花换酒钱。
> 酒醒只在花前坐,
> 酒醉还来花下眠。
> 半醉半醒日复日,
> 花落花开年复年。
> 但愿老死花酒间,
> 不愿鞠躬车马前。
> 车尘马足富者趣,
> 酒盏花枝贫者缘。
> 若将富贵比贫者,
> 一在平地一在天。
> 若将贫贱比车马,
> 他得驱驰我得闲。
> 世人笑我太疯癫,
> 我笑他人看不穿。
> 不见五陵豪杰墓,
> 无花无酒锄作田。

> **知识链接**
>
> **《徐霞客游记》**
>
> 徐霞客名弘祖,号霞客,明朝南直隶江阴(今江苏江阴市)人,是明代著名地理学家和旅行家。他一生志在四方,足迹遍及全国各地,每到一处就将当地的人文、地理、动植物等状况记录下来,这就是《徐霞客游记》。其既是一部地理著作,也是一部优美的文学游记,在国内外具有深远的影响。

▲ 明朝白釉暗花双耳扁壶

是胡乱告状。在我们现在流行的古装戏《唐伯虎点秋香》里,那个华太师就是以华昶为原型塑造的。

徐经被贬以后,一心想得到朝廷的宽恕,重新获得清白,可是始终未能如愿。若干年后,他的后代有一个叫做徐振之的,喜欢游山玩水,后来也叫徐霞客,写了本《徐霞客游记》,大家一定有所耳闻吧。我们不得不感慨,明朝真是出人才的年代呀,一个考场作弊案,竟然能牵连出好多古今闻名的人物。

唐伯虎经历了这一场风波,回到家乡,妻子也跟他离婚,改嫁他人。他心灰意冷,开始流连风月场所,吟诗作画,开始了他风流的人生。

唐伯虎的厄运才刚刚开始,他的命运远不如影视剧里所说的那样清风明月,在他放浪形骸的日子里,诗词歌赋画画都是他谋生的手段,在困顿的日子里,他不得不卖画为生。不过正是在此期间,他画了不少流传后世的杰作。

可是命运无情,即使这样的日子,唐伯虎也不能安安心心地过下去。正德九年(1514年),宁王朱宸濠准备造反,需要谋士,就派人去请了唐伯虎。失意的唐伯虎很高兴,他觉得他终于遇到了明主,可以实现自己的人生理想,展示自己的聪明才智了。可是没多久他就发现朱宸濠不是什么明主,他其实是想造反,自己当皇帝!

唐伯虎虽然半生失意,可是他却不想参加造反,因为造反是要掉脑袋的,还要灭九族,他可不想干。可是朱宸濠却丝毫没有放他走的打算,第一因为人

皇位之争 | 明朝才子唐伯虎

才难得，第二是他知道的内幕太多了。黑社会对知道太多的人采取的方式一般是杀人灭口，唐伯虎知道他自己很危险，可是这位吴中四才子之首可不是浪得虚名的。唐伯虎非常聪明，他装疯卖傻，宁王只好放了他，他趁机脱身逃回苏州老家。

经历了这次死里逃生，唐伯虎对功名利禄彻底绝望了，从此他终日喝酒买醉，流连烟花柳巷。这样的生活摧垮了他的身体，却成就了他的艺术，他的书画和诗词颠覆传统，不拘一格，既体现了唐伯虎的才华，又表达了他对美好人生的渴望。

四年后，这个风流才子告别了他绝望的人生，历史上真实的唐伯虎从没有像我们影视剧中的艺术形象那样快意过！

> **知识链接**
>
> **"中分天下"只是梦**
>
> 从宁王朱权开始，历代宁王与朝廷之间的矛盾就没有停止过。当时还是燕王的朱棣发起靖难之役，为了得到援助，他用计威逼宁王朱权，使宁王军俱听其指挥，并且他还承诺事成之后就和他"中分天下"。但是当朱棣当上皇帝后却没有履行承诺，这让宁王十分恼火，并且伺机反叛，直到朱宸濠被镇压后，宁王这一系才彻底死心，变得安分守己。

闯关小测试

1. 两次当上皇帝的人是（ ）
   A. 明宣宗　　B. 明英宗　　C. 明景帝

2. 受童年苦难生活的影响，明宪宗最宠幸的人是（ ）
   A. 万贵妃　　B. 吴皇后　　C. 纪姑娘

3. 被称为"吴中四才子"之首的是（ ）
   A. 唐伯虎　　B. 祝枝山　　C. 文征明

参考答案：1. B　2. A　3. A

"心学"创立

在明朝中期,思想文化快速发展,和孔孟齐名的王阳明就是在这一时期创立了"心学",在他以后,一大批弟子追随着他的脚步,并把"心学"运用到政治斗争和军事领域。嘉靖皇帝痴迷道教,朝中奸臣当道,党派纷争不断。

爱玩的皇帝明武宗

明孝宗去了,他一生坎坷,但是当起皇帝来却是励精图治。他虽是一个好皇帝,却不是一个好父亲,他很爱自己的儿子朱厚照,可是对他却有爱无教,结果培养出一个爱玩却缺乏治国才能的接班人。

朱厚照从小就很爱玩。后来他继位做了皇帝,就是明武宗。当了皇帝之后的明武宗依然玩心不改,遛狗玩鸟斗蛐蛐,能玩的全玩遍了,放在现在就是天天泡网吧打游戏的人物。为了游玩,明武宗在宫廷里养了很多珍禽异兽,还雇了一大批伺候他的人,前朝犯过错误的太监他也重新起用。明朝的文官是

> **知识链接**
>
> **孔孟**
>
> 孔子是春秋末期鲁国人,是中国古代的大思想家、教育家、政治家,儒家学派创始人,对后世影响深远。
>
> 孟子是战国时期儒家代表人物,他继承并发扬了孔子的儒家学说,并提出了自己独到的见解,与孔子合称为"孔孟"。

厉害得出了名的，大臣马文升和刘大夏等人接连上书，劝皇帝："你不能玩了，该好好当皇帝了。伺候你的人太多了，应该让一些下岗，犯过错误的太监就不能再用了。如果你不改，我们就天天上书，直到你改了为止。"明武宗被两人玩命的架势吓住了，他不知道该怎么办。

这时，从小一直陪他玩的太监刘瑾对他说："您是皇帝，只有他们听您的，哪有您听他们的呀。"是啊！明武宗听了才明白过来，自己是皇帝，自己有权力管他们，哪轮得到他们来管皇帝呢。于是一纸诏书让他们退休了。

明武宗很快发现，他身边这些整天围着他的太监比那些大臣顺眼多了，不但不管他，还陪着他玩，这些人才应该信任和重用。于是，他把朝廷的大权都交给了以刘瑾为首的八个太监，号称"八虎"，而自己就只负责玩了。

"八虎"开始在朝廷里作威作福，干尽了坏事，一些文官中的软骨头也投靠刘瑾他们，和他们合伙干坏事。一时间朝廷里变得乌烟瘴气。

这样的局面引起了朝廷中正直大臣的警觉,当时掌管内阁的还是明孝宗时代的大臣,包括李东阳、刘健、谢迁等人,他们给明武宗上了一道奏折,在其中引经据典,把刘瑾等"八虎"骂成千古罪人、社会败类,让皇帝必须把他们杀掉。

明武宗虽然不觉得刘瑾他们有多可恶,但是这些内阁重臣要求惩办他们,明武宗也不好袒护。再加上司礼监太监王岳对刘瑾一向怀有敌意,他利用这次事件,发动一些太监在明武宗面前一起攻击刘瑾他们,明武宗顶不住,只好同意第二天把刘瑾等"八虎"抓起来。

可是就在那天夜里,"八虎"一起跑到明武宗那里放声痛哭,说他们有多么可怜,这么多年来兢兢业业地陪皇帝玩,没有功劳也有苦劳,但是那个司礼监太监王岳就是见不得皇帝好。他们还告诉明武宗说,是王岳勾结文官们想把他们弄死。

明武宗本来对那些文官就没有什么好感,只是迫于形势才屈从于他们,听刘瑾等人这么添油加醋地一说,感到自己的皇权受到了威胁,连地位很高的司礼监

太监王岳也和那些文官串通在一起，这还了得。于是明武宗立刻下令，免去王岳司礼监太监的职务，由刘瑾代替。等第二天刘健、谢迁等人上朝等待皇帝宣布对"八虎"的处理意见的时候，却发现刘瑾已经提升为司礼监太监了。

刘健和谢迁感到这个皇帝实在糊涂，对这个祸国殃民的太监不但不惩治反而予以提升，于是他们提出了辞职。他们觉得自己身为内阁重臣，突然提出辞职会震动皇帝，让皇帝改变自己的做法。可是明武宗早就嫌他们在朝中一直管束自己，索性批准了他们的辞职，让他们回家养老去。

▲ 明武宗像

刘健和谢迁离开了朝廷，没人管束的明武宗开始放开了玩，他先是在宫里过家家，把太监扮成平民百姓，把宫殿当成商场超市，然后又让宫女扮成妓女，皇帝挨家进去听曲、淫乐。他还在宫中建了个"豹房"，在里面饲养猛兽。

不久明武宗在宫中也玩腻了，就走出宫城，去民间找乐。他是皇帝，寻常百姓家他抬腿就进，看见哪家姑娘漂亮就据为己有。有一次，他看上一个店铺老板的妹妹凤儿，立即就把她封为贵妃，还让那个老板当了官。可是凤儿福小命薄，在返京途中就病死了，明武宗为凤儿伤心悲痛了一会儿，又照常开玩。

渐渐的，他在民间玩得没意思了，就想去打仗，他给自己起名为总督军务威武大将军总兵官朱寿，当时骚扰边境多年的蒙古小王子率兵来侵扰，已经自封大将军的明武宗决定带兵亲征。

知识链接

"八虎"

明武宗即位后，太监刘瑾、丘聚、罗祥、张永、谷大用、马永成、魏彬、高凤因善于阿谀奉承，因此受到武宗的宠爱，时人称他们为"八虎"。

▲ 王守仁

知识链接

居庸关与八大关

居庸关是京北长城沿线的著名古关城，地势险要，与紫荆关、倒马关、固关并称明朝京西四大名关。

长城在古代有万里长，除了居庸关，还有山海关、紫荆关、娘子关、雁门关、偏头关、嘉峪关、玉门关，并称为长城八大关。

明武宗虽然荒唐，但还是有些军事头脑，他先用小部分兵力牵制小王子，然后从各地紧急调兵支援，这样在战场上明军就占了优势。同时，明武宗还深得军心。他平时相当平易近人，和士兵们同吃同住；在战场上，他身先士卒，作战勇敢，有一次还亲手杀死了一个敌人，这大大鼓舞了士气。结果明军打败了小王子。这个纨绔子弟荒唐一世，终于为朝廷做了一件好事。

明武宗天天疯玩，当然没心思理会朝政，因此他在位的时候宦官当道，朝政腐败，地处江南的藩王宁王看准机会起来造反，结果被当时在江西带兵的王守仁平定，宁王本人也被抓住了。

本来这是件大喜事，但明武宗却非常生气，因为他自己还没有率兵和敌人交战，战事就结束了，这多扫兴。

不过他眼珠一转，想出了一个办法，他装模作样地把宁王放了，又亲自把他抓回来，于是"大将军朱寿"又算打了个胜仗，他大摆宴席庆祝自己的胜利。

明武宗借着讨伐宁王到了富庶的江南，他可不想白来一场。他在江南游山玩水，流连忘返，有一次还亲自驾着渔船在江上钓鱼，结果不慎掉到了水里，险些淹死。

江水寒冷，明武宗在江里泡了很久，受了风寒，从那以后明武宗身体一天不如一天，再加上他长期过着荒淫无度的生活，身体本来就很虚弱，数月之后，竟然病死于豹房，结束了他荒唐的一生。

一代圣贤王守仁

成化八年（1472年），一代名儒王守仁在浙江余姚出生，说他们家书香鼎盛是一点也不为过，他们家几代都是读书人，他的一位先祖还曾官居四品。成化十七年，王守仁的父亲考中了状元，带着全家搬到了北京。王守仁像其他官宦子弟一样，阅读儒家的四书五经。但是，王守仁从小就显示出与众不同之处，他喜欢舞枪弄棒，还喜欢研究兵法。

王守仁的父亲看出了儿子的兴趣，就带他去塞外游历。他把王守仁带到了居庸关外。在南方山水之地出生的王守仁第一次见识了广阔的大漠，北方壮美的塞外风光深深吸引了少年王守仁，他听父亲讲明朝开国武将们的丰功伟绩，还有马背皇帝明成祖的英勇神武，这些故事激荡着这个少年的心。

在塞外游历一个月后，王守仁回到家中，对父亲说："我要给皇上上书，请求皇上给我几万人马，我要去为国家讨伐鞑靼。"他的父亲只是把他带到塞外去玩玩，可没有让他走从军为将这条路的打算，狠狠地把他训斥了一番。

王守仁被父亲训斥后，知道此路不通。可不久他就想出了新点子，他自幼读了很多圣贤的书，觉得自己读书破万卷，也可以做个圣贤，于是他再次

知识链接

什么是"大家闺秀"？

大家闺秀旧指出身于名门望族的女子。因为受过良好的教育，这些女子气质不凡，知书达礼，待人接物落落大方，是达官贵人的公子哥最理想的婚配对象。

▲ 明代永乐窑白釉三壶连通器

向父亲表达了他的理想。父亲觉得这个儿子的思想太怪异了，决定给他找个媳妇管管他。不久他在江西南昌给王守仁挑选了一个大家闺秀做他的媳妇，还让刚满十七岁的王守仁回江西娶亲，暂时离开这个让他浮想联翩的京城。

王守仁遵从父亲的安排，乖乖地去江西娶媳妇去了。去媳妇家里提亲，小伙子当时也挺精神，岳父见了非常满意，安排婚礼，一切妥妥的，可是到拜天地的时候，却找不到新郎了！这下可把岳父家的人急坏了，你不满意可以不来呀，可是别来逃婚这一出，让我们丢尽面子。其实他是错怪他的准女婿了。

原来王守仁虽然同意结婚，但并没有放弃自己做圣贤的梦想，在大家准备婚礼的时候，王守仁一门心思想的还是他的圣贤养成法，想着想着他就走进了一个道观，精通道家学说的王守仁在那里和道士们相谈甚欢，颇有相见恨晚的感觉，于是他就留下陪着道士打坐了一夜，连婚礼和自己的新娘子也忘了。直到第二天早上，大家才在道观里找到他，把他拉回去拜了天地。从此当地人都说，王守仁真是一个怪人！

王守仁在圣贤养成的路上，遇见一位同道，是一名书生，他告诉王守仁，先贤的"格物致理"之说是应该研究一下的。"格物致理"是什么意思呢？就是说要深入研究一个事物的原理，来了解事物之间的关系。王守仁觉得这很有道理，于是他就开始"格"物。可是他格物的方法跟前人大不相同，他

知识链接

举人

举人原本是指被荐举之人，名称始于西汉。汉代没有科举考试，选拔人才都是各地方官员来推举，因此举人就是所举之人。唐宋时科举考试开始设置进士科，凡是能中试的就称为举人。到了明清，科举考试分乡试、会试、殿试，乡试中试的人就是举人，中了举人后就有机会谋求官职了。

▲ 明朝木梳

"心学"创立 | 一代圣贤王守仁

怎么"格"呢?就是盯着一个东西一直看,从它的物质形态看到在这个东西中所包含的精神内涵,这可是一件辛苦的事。有一次,他对着竹子"格",格了三天三夜,他的心累极了,终于病倒了。王守仁格物下这么大的功夫,无论当时的人还是后人都为之惊叹,于是在中国哲学史上增添了一个"守仁格竹"的典故。

结婚之后,王守仁带着媳妇回到北京,遵从父亲的话参加了乡试,中了举人。可是接下来考进士他却是屡考不中,大家都安慰他,他却不以为意,对大家说:"你们以不登第为耻,我以不登第而懊恼为耻"。这席话顿时让在座的人佩服不已。王守仁真有些圣贤的灵气。

功夫不负有心人,王守仁最终考上了进士,入朝为官,一直当到兵部主事。王守仁是个正直的人,当时太监刘瑾专权,陷害忠良,王守仁就上书皇帝,为那

个忠臣辩解，这自然触怒了刘瑾，刘瑾下令将王守仁"廷杖"四十，也就是在朝堂上用棍子打四十下。随后刘瑾就把王守仁发配到偏远的贵州龙场了，还顺带着把他父亲也赶出了北京，到南京任职。

相传当时刘瑾还准备让人在路上收拾了王守仁，王守仁知道此行会有危险，就想了个办法，他把衣服鞋帽往钱塘江一扔，还写了一份遗书，表示自己已经厌世自杀了。刘瑾以为他已死，就不再过问，而他本人却跑到南京找他父亲去了。

王守仁的父亲是个老实人，他劝王守仁还是遵命去上任，贵州虽然偏僻，但是在那里也可以造福一方百姓。王守仁想想也有道理，就动身来到了贵州龙场。那里是个鸟不拉屎的地方，并没有啥像样的建筑，只有一个破烂的茅草房，还不时有强盗小偷光顾。可是，王守仁并没有被这些吓倒，他根据当地的实际情况，为老百姓排忧解难，还成功化解了当地的民族矛盾，受到了当地人的爱戴。

圣贤毕竟是圣贤，即使在贵州龙场这个贫瘠的地方，王守仁还不忘静下心来，寻求真理。除了原来自己熟悉的格物之法外，他还走访道士和僧徒，听他们谈经论道。通过在贵州龙场的政治实践和一番修身养性的功夫，他终于领悟到了新的道理，他感到像朱熹说的那样格物求知是不能领悟天地间的道理的，而需要去探求自己的内心世界，他的这种学说后来被称作"心学"，他领悟到这一道理的那个夜晚，被人们称作"龙场悟道"。

日后王守仁的"心学"对人们的思想产生了很大的影响。他也被人们视作孔孟、朱熹一样的圣人，王守仁终于圆了他的圣贤之梦。

> **知识链接**
>
> **心学**
>
> 心学是儒学的一门学派，由明代王阳明提出并发扬光大，成为儒学发展史上的一个重要转折点。王阳明提出心学的宗旨在于"致良知"，也就是说要将知识和行动结合到一起，对于某件事我们不仅要知道，还要采取行动。
>
> **朱熹**
>
> 朱熹字元晦，是宋朝著名的理学家、思想家、哲学家。后世认为朱熹是继孔孟之后儒家学派的集大成者，其理学思想对元、明、清三朝具有巨大影响。

皇帝的父亲

嘉靖皇帝朱厚熜（cōng）是明朝历史上的第十一位皇帝，也就是明世宗。因为他的前任武宗朱厚照没有留下儿子，也没有兄弟，大臣们只好从明武宗的叔叔们的儿子中挑了一个聪明的来接班，他们选中的就是大明兴献王朱祐杬的儿子朱厚熜。

当时朱厚熜年仅十四岁，但是他聪明又有决断。来迎接他的使团本来是想让他以太子的身份从东华门进入皇宫，然后在文华殿住下。在这位新皇帝的眼里，这就是贬低他的身份。朱厚熜坚决不干，他对使团代表说："遗诏是让我来当皇帝的，不是来当太子的。"这一下麻烦就大了,本来朝中一直准备的是迎接太子的礼仪,现在马上更改谁能做得了主?只好请示皇太后。皇太后决定,让朱厚熜在行殿接受群臣的劝进。根据惯例,大臣要三次劝说朱厚熜当皇帝,朱厚熜要三次推托,让大臣们另举贤人,可是大臣们一再坚持自己的意见,最后朱厚熜勉为其难地答应。然后百官三呼万岁,新皇帝从大明门进入皇宫,然后在奉天殿即位,定年号为嘉靖,史称嘉靖皇帝。

嘉靖皇帝即位以后,不久就为谁是自己的皇考(就是皇室中宗法意义上的父亲)和给自己的亲生父亲兴献王朱祐杬上什么样的尊号的问题和内阁发生了争执。嘉靖帝要把自己死去的父亲追尊为皇帝,可是这些严守明朝祖制的内阁大臣死活不同意,由此引发了震惊一时的"大礼议"事件。

嘉靖皇帝正和这些大臣争得不可开交，下面就有人想着帮皇帝说话。他们都知道，一旦讨得皇帝的喜欢，日后也许能在朝廷里当个大官呢。礼部的张璁（cōng）就是其中之一，他挑灯夜战，四处查阅资料，引经据典，旁征博引，为皇帝写出了可以认自己的父亲为皇考的依据。嘉靖皇帝见了很高兴，拿给内阁大臣们看，内阁大臣一见其中确有道理，自己很难把它驳倒，只好做出让步，决定将嘉靖帝的亲生父母分别尊称为兴献帝和兴献后。可是嘉靖帝的母亲还是不同意，她觉得这个兴献帝跟兴献皇帝是两回事，众臣还是不承认她死去的夫君的皇帝身份，于是她非要在"帝"字前面加个"皇"字。内阁首辅杨廷和觉得不能再让步了，就说："不行，硬要如此，我只有回家养老。"嘉靖皇帝刚即位不久，还不敢公开得罪杨廷和，就把这件事搁下了。

> **知识链接**
>
> **杨廷和**
>
> 杨廷和是明代的政治改革家，历仕宪宗、孝宗、武宗、世宗四朝。他年少成名，十二岁便中了举人，十九岁时中进士，然后一步步做到首辅的位子。他积极革除武宗朝弊政，受朝廷内外称赞。后来因为"大礼议"事件惹怒了世宗，最终辞官回乡，于71岁时病逝。

杨廷和觉得那个为皇帝说话的张璁（cōng）不适合待在京城，就把他打发到南京去做刑部主事。张璁（cōng）到了南京，并不甘寂寞，他结识了一个叫桂萼的人，两人经过研究，决定上书皇帝，说对于皇帝父母的称谓还应该重新研究，言外之意就是要在兴献王、兴献后的尊号上增添"皇"字。这和嘉靖皇帝母亲的想法完全一致，嘉靖皇帝看了很高兴，马上叫来内阁首辅杨廷和，告诉他这件事情。杨廷和此时已经学聪明了，他说，陛下您看着办吧，我要退休了。嘉靖帝趁机让他回家养老。

杨廷和退休了，但是跟他观点一致的内阁大臣还有很多，他们集体上书，反对皇帝改

▼ 明长沙岳麓书院

这就是 中国历史 明

自己父母的尊号。但是皇帝这次却强硬了起来，他下令把桂萼和张璁召进北京，商议改他父亲尊号的事情。反对改尊号的大臣们也不服软，他们组织了二百二十多个人集体到皇宫示威，逼皇帝收回成命，皇帝让太监们去赶都赶不走，还一起在皇宫外大哭起来。皇帝愤怒了，命令锦衣卫把他们全部抓起来。第二天，发了狠的朱厚熜开始了明朝历史上最大规模的廷杖。那些被抓的大臣里，四品以上的还给留点面子，五品以下的，一共一百八十多个人，全部大棍子伺候，其中有十七个人被打成重伤，后来不

廷杖，顾名思义，是在朝廷上用木杖打人，用于惩罚朝廷的官员。廷杖开始于东汉明帝时期，也有人说开始于北周宣帝时期，金朝与元朝时已经广泛推广，到了明朝使用最为频繁

治而死。从此再没有人敢提反对意见了。

嘉靖十七年，兴献帝被尊为兴献皇帝，他的牌位也被放进了太庙，排序在先帝武宗之上，并将兴献王墓改建为显陵。嘉靖皇帝终于为自己的父母争得了皇帝皇后的名分，大礼议事件以嘉靖皇帝的全面胜利告终。

道士皇帝嘉靖

▲ 明世宗像

嘉靖皇帝登基后，仿效朱元璋，任用贤臣，做了一些有利国家的好事。而且，他最讨厌太监干预朝政，登基时他就对那些太监说，你们都是奴才，都给我老老实实地做好本分工作，别想着干其他的。与此同时，嘉靖皇帝大力推行改革，清理田庄，改革科举制度，革除外戚世袭封奉等，改革涉及的方面很多，而且很有成效。因此，在嘉靖皇帝统治前期，出现了"嘉靖中兴"的局面，在政治、经济和文化上都有很大的发展，这一时期的嘉靖帝，应该算是个不错的皇帝。

但是到了他统治后期，一看天下太平，嘉靖皇帝也开始骄奢起来，对于处理朝廷事务开始不那么勤勉了。他倒不是整天沉迷于玩乐，而是沉迷于道教，天天躲在后宫里学道炼丹，朝廷的事情全部交给了首辅严嵩。严嵩是怎么当上首辅的，其实很有意思。嘉靖皇帝崇奉道教，最看重的就是两件事情：第一

> **知识链接**
>
> **北京太庙**
>
> 北京太庙是明清两朝皇帝举行祭祖典礼的地方。
>
> 每当遇到国家大事或者是隆重节日，当朝皇帝都要去太庙祭祀祖先，如果皇帝没有时间，也会由大臣代替。

是斋醮（祷告祭祀），在斋醮中，还要给三清道祖写祝词，这就是所谓青词；第二就是炼丹，为自己长生不老炼制丹药。大臣们都迎合皇帝，替他写青词，其中严嵩就是靠写青词讨得了嘉靖皇帝的欢心，逐渐被提升为内阁首辅，成为大明朝一人之下万人之上的权臣。

　　明朝中叶，蒙古鞑靼部兴起，鞑靼部的重要首领俺答汗建立了一支强大的军队，不断侵扰明朝边界。而边界的统领为了升官晋爵，将边饷军粮都用来贿赂严嵩了，致使守边疆军士吃不饱穿不暖，无力抵抗蒙古军的侵扰。在嘉靖二十九年，俺答汗率军长驱直入北京郊区，烧杀抢掠，然后扬长而去，史称"庚戌之乱"。而在东南沿海，由于嘉靖的昏庸和权臣的误国，海防也十分空虚，日本海盗大举进犯，嘉靖在位时期是东南沿海倭患最为严重的时期。

　　这时嘉靖皇帝每天躲在西殿修炼，所有的朝政基本上都被严嵩把持。朝廷上下分成了两派，一派是没有原则，没有廉耻的溜须拍马的"严"派；另一派是徐

阶派，首领是暗暗等待机会消灭严嵩的次辅徐阶，拥护他的是大儒王守仁的心学派弟子们。在徐阶派的长期努力下，严党最终被铲除，朝政又变得清明了。

但是由于嘉靖皇帝梦想长生不老，天天服食道士们炼制的含有有毒化学物质的丹药，他不光身体越来越差，而且脾气越来越坏，许多大臣动不动就被杀头或廷杖，弄得人人自危。嘉靖皇帝为了修炼，还大肆建造宫殿，使国库极度空虚。嘉靖四十五年十二月（1566年），这位道士皇帝走完了他的人生道路。之后皇位传给了他的第三个儿子裕王朱载垕（hòu）。

> **知识链接**
>
> **道士灭严嵩**
>
> 嘉靖帝非常信任道士，每当他有什么需求求助神仙时，就会写在一张纸上，然后让道士烧掉。
>
> 有一个道士叫蓝道行，他富有正义感，因此最痛恨奸臣严嵩。他知道皇帝特别信任神仙，于是和一个太监串通好，让皇帝误以为自己请到了神仙，当然这个神仙就是他自己，从此以后皇帝对这个神仙深信不疑。趁此机会，他写出了"奸臣如严嵩，忠臣如徐阶"的字样，皇帝认为是神仙的指点，于是下令铲除了奸臣严嵩。

宫女谋杀皇帝

在嘉靖皇帝时期发生了一件中国历史上罕见的事情：一批宫女合伙谋杀皇帝！

这是怎么一回事呢？原来嘉靖皇帝朱厚熜崇奉道教，每天在他的后宫烟熏火燎地烧香敬拜太上老君，还给太上老君写祝词，溜须拍马，希望太上老君保佑自己长生不老。为求长生，嘉靖皇帝还听从一些道士的鬼话，大肆从民间选取宫女，为他采集甘露、炼制丹药，而且还要满足他的私欲，很多宫女不堪忍受，病倒、累倒的不计其数。

嘉靖二十一年，那些长年被折磨的宫女终于忍受不了了，她们一起商量着，要跟皇帝拼命。后宫

▲ 明代嘉靖素三彩瓷绣墩

嫔妃王宁嫔因为触犯了嘉靖皇帝,被罚在后宫干活,她也和那些宫女联合在了一起。

一天夜里,嘉靖皇帝服过道士陶仲文炼制的丹药后,就在曹妃的宫中就寝。杨金英等宫女和嫔妃王宁嫔等乘他睡熟之际,一拥而上,把他死死按住。嘉靖皇帝从梦中惊醒,正要叫喊,宫女们用布团塞住了他的嘴,然后她们用绳子套住嘉靖帝的脖子,打算将他勒死。

然而这毕竟是宫女们第一次杀人,没什么经验,又很紧张,结果将绳子打成了死结,任凭宫女们齐心协力地拉绳子,也没有把嘉靖帝勒死。其他几个宫女急了,拔下头上的金簪、银簪,在皇帝的身上、头上一顿乱刺。

眼看皇帝还死不了,宫女们害怕了,其中一个叫张金莲的宫女一看不好,就变了心,跑到坤宁宫去向方皇后报信,方皇后听了大吃一惊,赶忙带人跑来救下了皇帝。

杨金英等宫女见势不妙,丢下皇帝,四处逃跑,但是哪里能跑得了,很快就都被抓住了。

方皇后命人解下皇帝脖子上的绳子,然后请御医来给皇帝诊断。其实,那个死结倒没把皇帝怎么样,御医们很快就判定嘉靖皇帝没有大碍,但皇帝却被吓得

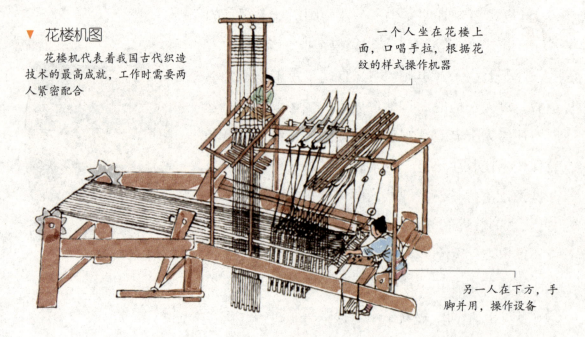

▼ **花楼机图**
花楼机代表着我国古代织造技术的最高成就,工作时需要两人紧密配合

一个人坐在花楼上面,口唱手拉,根据花纹的样式操作机器

另一人在下方,手脚并用,操作设备

不轻，一连几天躺在床上，什么也干不了。

接着方皇后就开始惩办谋杀皇帝的凶犯。在封建时代，谋杀皇帝是大逆不道的罪名，结果参与事变的宫女以及王宁嫔全部被凌迟处死，那个去报信的张金莲也没有得到宽恕。出事的时候在皇帝身边的曹妃虽然没有参与此事，但是方皇后为了铲除自己在宫中的对手，也借机将她定罪处死。这就是著名的"壬寅宫变"。

"壬寅宫变"后，嘉靖帝被吓得不轻，更是连早朝都不上了，搬到西苑的万寿宫，再也不敢住在紫禁城内的宫殿里了。朝廷大权落在了当时的大奸臣——内阁首辅严嵩手中。

> **知识链接**
>
> **坤宁宫**
>
> 坤宁宫是皇后的寝宫，是紫禁城的一部分。坤宁宫是北京故宫内廷后三宫之一。

闯关小测试

1. 虽然很贪玩，但战场上能与士兵同吃同住的皇帝是（ ）
   A. 明宣宗　　B. 明孝宗　　C. 明武宗

2. "心学"的创立者是（ ）
   A. 孟子　　B. 朱熹　　C. 王守仁

3. 靠写青词被嘉靖皇帝提拔为首辅的是（ ）
   A. 严嵩　　B. 徐阶　　C. 张居正

参考答案：1. C　2. C　3. A

朝廷斗争

明朝最有名的奸臣严嵩就出现在这一时期,严嵩从一个比较正直的青年,渐渐变成一个奸臣,徐阶为了打倒严嵩,隐忍负重,最终成功。和朝中文斗不同的,是沿海倭寇的不断侵扰,乱世出英雄,让民族英雄戚继光应运而生。闻名天下的徐文长一生郁郁不得志,而正直无私的海瑞又是明朝官员中的另一股清流。

奸臣严嵩

严嵩是明朝有名的奸臣。他以性格阴柔著称,说话和气,善于揣摩上级的意图。因此他在官场混得很好,先后出任国子监祭酒、礼部尚书等要职。

让严嵩飞黄腾达的是当时朝廷里发生的一件大事,当时嘉靖皇帝要尊自己的父亲兴献王为先皇,而曾提拔过严嵩的首辅杨廷和坚决反对,事情闹得很大。严嵩时任礼部尚书,掌管皇家礼仪,对此不得不发表意见。起初他附和他的恩人杨廷和以及大部分大臣的意见,反对嘉靖帝的主张。

> **知识链接**
>
> **国子监祭酒**
>
> 国子监祭酒是朝廷最高学府国子监下的官职之一,主要职责是掌管大学之法和教学考试等事务,相当于现代大学的校长。

可是嘉靖帝还是坚持自己的意见，还为此编了一本书，叫《明堂或问》，交给大臣们阅读。这时严嵩对当时的形势进行判断，觉得杨廷和虽然是首辅，但是终究斗不过皇帝，自己与其坚持原来的意见，和杨廷和一起被皇帝罢官、惩罚，还不如投靠皇帝，或许能得到皇帝的恩宠和提拔。

于是严嵩放弃了自己原来的主张，转而投向皇帝一边，坚决支持给予兴献王先皇的地位。严嵩由此得到了皇帝的信任。可是在众多大臣眼里，他却违背了做人的原则，他们给他这样的评价：溜须拍马，奸诈小人，窃权罔利。

嘉靖帝信奉道教，天天拜道炼丹，还要给道教的三清献上青词，那些青词他自己不写，让大臣写。朝中有一个写青词写得好的大臣叫夏言，他写的青词最讨嘉靖皇帝的喜欢。

但是夏言是个很正直的人，为了国家大事，他甚至敢顶撞皇帝。皇帝让他写

青词，他有时候出于公务繁忙不给他写，有时候应付了事，这让皇帝很不爽。

严嵩虽然写青词写得没有夏言好，但是产量却很高，天天兢兢业业地给皇帝写。后来，他还把儿子严世藩拉来给皇帝写青词，严世藩虽然有残疾，但却是个奇才，青词写得好，还经常给严嵩出谋划策。

凭借写青词，严嵩讨得了皇帝的喜欢，就开始了一系列的整人运动。他赶走了内阁首辅翟銮，独揽大权，不久又被任命为吏部尚书，后来又出任内阁首辅。

严嵩当官的目的就是捞钱，他每年贪污的款项巨大，多次被督察院御史点名通报，但由于他表现得乖巧听话，皇帝对弹劾他的奏章都置之不理。这

知识链接

三娘子

三娘子是鞑靼部首领俺答汗的妻子，俺答汗去世后，三娘子又嫁给俺答汗的儿子黄台吉，黄台吉死后又嫁给了她的儿子。在此期间，她得以掌握部族军政大权20余年。她积极与明政府修好，互开边疆集市，努力促进蒙汉两族的经济文化交流，被明朝封为"忠义夫人"。

更加助长了严嵩的气焰。

从此严嵩在朝中排除异己，朝中不依附他的正直官员都被他害死或撤职，大量官员为了保命保官都投靠了严嵩，拜严嵩为老师，说自己是严嵩的门生。因此严嵩在朝中的权势越来越大。

嘉靖二十九年（1550年），蒙古的鞑靼部落的首领俺答汗向明朝发动了进攻，明军全线溃败，向朝廷求救。严嵩出于私利，推荐了一个有名无实的将军仇（qiú）鸾，这位仇鸾连打了几个败仗，俺答汗的军队打到了北京城下。

严嵩知道俺答汗的军队厉害，不敢出兵与鞑靼军队作战。他知道鞑靼军队没有攻占北京的企图，只是想抢掠一些财物而已，因此命令兵部尚书丁汝夔（kuí）带兵固守北京，不出城迎战。鞑靼军在北京郊外大掠八日，然后扬长而去。嘉靖皇帝很生气，要追究战败的责任，虽然怎么打仗是严嵩做的决策，但是嘉靖皇帝信任严嵩，只追究丁汝夔一个人的责任，下令将丁汝夔斩首。丁汝夔在临死前大骂严嵩误国。

随着严党的不断壮大，国家的危机日益严重，朝廷官员上书弹劾严嵩的也多了起来。严嵩依靠皇帝的信任，对这些大臣打击报复。锦衣卫沈炼因上书弹劾严嵩被发配居庸关，六年后在宣府被严嵩杀害。国子监监生杨继盛用死劾的方式列举了严嵩的十大罪状，结果被严嵩下令打了一百廷杖后下了诏狱。杨继盛的腿骨被打断，腿上的肉都腐烂了，坚毅的杨继盛借着牢狱里昏暗的灯光，用破碎的碗片把腿上的腐肉一点一点地刮下来。严嵩当然不会放

知识链接

一代名臣夏言

夏言，字公谨，汉族，贵溪（今江西贵溪）人，明朝中期政治家、文学家。因为他不想和大臣结帮派，因而他长期与议定"大礼"的达官们意见不一，这也导致了严嵩对他的不满，后被严嵩陷害致死。

青词

青词是一种道教举行斋醮时献给上天神仙的奏章祝文，其内容主要就是向神仙表达自己的意愿。因为严嵩擅长写青词，因此被世宗所喜爱，后来的徐阶也是因为这个本领讨得皇帝喜爱最终扳倒严嵩的。

过他，嘉靖三十四年十月初一，杨继盛英勇就义。杨继盛之死震动天下，引起了很多人的同情，不久权奸严嵩就走向了灭亡之路。

知识链接

倭寇

倭寇主要指的是明朝时期侵扰劫掠中国和朝鲜沿海地区的日本海盗，其组成成员主要是武士和浪人，也有一些是沿海地区的汉族人及朝鲜人。

民族英雄戚继光

嘉靖年间，倭寇侵扰中国东南沿海。中国军民奋起反击，从中涌现出了抗倭英雄戚继光。戚继光的先祖叫戚祥，他在明朝开国的时候立下了很多功劳，后来在征讨云南的时候战死，朱元璋感其功德，任命他的儿子戚斌为明威将军，并且世袭罔（wǎng）替。

嘉靖七年十月初一，戚继光出生了。可是戚家传到戚继光这一代，已经贫困潦倒了。因此戚继光打小家里就很穷，可是他懂得刻苦学习，清苦却坚持操守，严谨而不计得失。戚继光后来得到机会，在嘉靖二十三（1544年）年做了武官，就任登州卫指挥佥（qiān）事。他到任后才发现，世上的事情并不像圣贤的书上说得那么简单，世上的人也并不都像他父亲和老师那样忠厚正直，要实现自己的远大理想，不仅需要知识才能，还需要懂得怎么处世。

嘉靖二十九年，"庚戌之变"爆发，暴露了明朝的边防漏洞。战后，戚继光被调去守卫北方边界，在那里历练了三年，这一段时间对戚继光来说非常宝贵，他不但获得了很多实战经验，还熟读了《孙子兵法》。

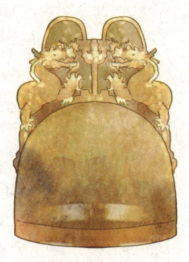

▲ 万历金冠

嘉靖三十四年（1555年），戚继光调任浙江，不久被浙江巡按监察御史胡宗宪看中，让他担任宁绍台的参将。刚上任的戚继光满腔热情，可是他的热情很快就受到了考验，他参加的一场战役让他对明军的状况有了深入的了解，这场战役后来被称作龙山之战。戚继光刚上任，倭寇就来了，目标是抢劫浙江慈溪。戚继光亲自带队，来到慈溪东南的龙山，他观察好地形，布置谋划，安排攻击的队形。还没等他布置完毕，却发现他的手下全跑了，不是迎向敌人跑去，而是见倭寇来了都向后跑去——逃跑了。戚继光惊愕之余，跑到一处高地，拿起弓箭，射死了带头的倭寇头领，一连射死三个头目，才让倭寇停止追赶，改为逃跑。明军看倭寇逃走了，才掉头

知识链接

胡宗宪

胡宗宪字汝贞，是明朝大臣，因抗倭有力，受到朝廷的嘉奖。但是因为受到严嵩父子的牵连，最终还是被嘉靖皇帝处死。

过来追赶，但也只是追了一段路，就自动返回了。不明所以的戚继光拉住一个返回的士兵问，才知道，一直以来，明军抗倭作战都是这样干的，遇到倭寇败退，每次只是把他们赶远，并不去拼命追歼。

经过龙山之战，戚继光感到必须要改变明军的作战作风。他向胡宗宪要了三千新兵，从思想到行动，从理论到战术队形，对他们进行了刻苦的训练，这支军队就是戚家军的前身。事实证明，戚继光的训练是卓有成效的，这支军队在一开始的几场战役中连战连捷，让倭寇吃了不少苦头。但就在戚继光得意的时候，他在岑（cén）港之战初期却被倭寇打得伤亡惨重，溃不成军。戚继光也因为战斗失利被撤掉了参将的职位。直到后来戚继光奋勇作战，舍生忘死，才攻克岑港，取得了战斗的最终胜利。

戚继光善于练兵，他知道什么人经过训练可以成为优秀的战士，也知道怎么训练士兵。一次，戚继光在视察民情的时候，了解到义乌的两批百姓为了抢夺矿

产资源，拿起农具、铁铲和刀具，从嘉靖三十七年（1558年）六月起，一直打了四个月，参加的人数有三万多人，双方死伤两千五百多人。这些人不仅打架勇猛，还很有不怕牺牲的精神，而戚继光要的就是这样的人。

戚继光连夜赶回，要求胡宗宪同意他在义乌招募四千敢死队员。招到兵后，他对四千新兵进行了严格的训练，在训练新兵的同时，戚继光还创造了一种适合近身搏斗的鸳鸯阵。

所谓鸳鸯阵，就是由十一个人组成，其中站在队伍最前方的人是队长，剩下十人分成两列纵队，站在他的身后。

这十个人分别持有四种不同的武器，组成五条互相配合的攻击线。紧跟在队长身后的，是两名拿着标枪的盾牌兵，一个用藤盾牌，一个用长盾牌，他们一只手用盾牌掩护自己和后面的战友，一只手投掷标枪向敌人进攻。掩护盾牌兵的是站在他们后面的两名狼筅（xiǎn）兵，他们使用一种特制的兵器，称作狼筅，狼筅以长棍为主干，上面扎满铁枝和倒刺。狼筅兵的后面是四名长矛兵，他们是主力，看见敌人就用长矛刺。队列的末尾是两名短刀手，他们从侧翼保护长枪手。这样的鸳鸯阵可谓无懈可击。

在嘉靖四十年的台州大战中，戚继光的戚家军和他的鸳鸯阵大显身手，倭寇大败，损失惨重。嘉靖四十一年，他奉命增援福建，打得倭寇望风而逃。在以后的战斗中，戚家军不断取得胜利，威名远扬，戚继光也因抗倭名震四方。

▲ 戚继光像

知识链接

什么是"无懈可击"？

"懈"指松懈、漏洞；"击"指攻击。无懈可击指找不到丝毫漏洞让敌人有可乘之机，形容做事非常严密，没有一点漏洞。

备棺上书的海瑞

海瑞出生于海南，自幼家境贫寒，父亲去世后，他和母亲相依为命。所幸他母亲是个坚强而有远见的人，在贫困的生活条件下，她依然严格要求海瑞，用古圣先贤的事迹教育他，让他刻苦读书，立志长大造福百姓。海瑞也给自己取号"刚峰"，立志要做个刚强而不畏邪恶的人。

海瑞以天下为己任，他先后写了《治黎策》《平黎策》，对如何治理海南提出了自己的见解。可惜朝廷虽然看重他的文笔，却没有采纳他的建议。

海瑞的爱民之心不只表现在文字上，也体现在他的行动之中。遇见人间的不平事，他是不会袖手旁观的。

海瑞屡次参加科考失败，就暂时放弃仕途，到福建延平府南平县（今南平市）当管理教育的小官。海瑞并没有因为科考失败而气馁，他干一行爱一行，专注自己的工作，严格要求学生。当时南平县的教育十分混乱，学校学风很差，不少富家子弟在学校不读书，却通过送礼、托人情等手段获取优良成绩，还有一些教师为了巴结高官，极尽谄媚之事。海瑞下决心

▲ 海瑞像

知识链接

拱手礼

　　拱手礼是中国古代人们相见或感谢时最常用的一种礼节。行礼时，行礼人需要双手互握合于胸前。因为古人以左为敬，所以男子在拱手时左手在外，右手在内，女子则相反。

　　整顿学风，制定了《教约》，整肃纲纪，要求教师要严格律己，学生应该遵守纪律。因为他不徇私情，要求严格，学生们背地里都叫他"海阎王"。

　　明朝开国之初，明太祖为了表示对老师的尊重，就说过："师生不必远迎，也不必远送，只在学校门口迎送就可以了，而在学堂这个传道授业解惑的地方，师生对来访的官员只需行揖拜之礼，不需行跪拜之礼。"教师们迫于官员的权势，往往还是大礼参拜。海瑞却不这么做。

　　有一次，南平县所属郡的郡守带着一班人来视察，他们来到正在讲学的明伦堂，学校的负责人和教师都纷纷下跪，只有海瑞挺直腰板站着，只是微微地行了个拱手礼。郡守看着海瑞两旁的人都跪着，唯独海瑞一个人在中间站着，嘲讽道："哪里来的一座笔架山！"

　　海瑞却说："觐见长官才需要下属的礼节，这明伦堂是师长教育学子的地方，不应屈身。"郡守虽然不快，也不好怎样，而海瑞又多了个"海笔架"的绰号。

　　嘉靖四十一年（1562年），海瑞到淳安当知县，淳安是个很穷的地方，他明辨秋毫，生活节俭，深得百姓爱戴。对于贪官污吏，恶霸富少，他都予以惩罚，丝毫不畏惧权势。当时胡宗宪权力很大，在朝中又有严嵩做靠山，胡宗宪的儿子仗着老子的权势横行霸道，到了哪里，当地的官府都要好吃好喝款待，走时还得送礼。一次，他来到淳安县，因为嫌驿吏招待不周，竟然把驿吏吊起来殴打。海瑞知道了，也让手下把他吊起来打了一顿，然后把他捆绑起来让人送给胡宗宪，还给胡宗宪写了一封信，信上说："胡大人，我知道您为官清廉，不许地方铺张浪费，但是近日却有人冒充您的公子，因为没有受到高规格的接待而大打官吏，我知道他一定是假冒的，现在交给您发落。"胡宗宪看着挨打叫屈的儿子，吃了哑巴亏还不得不说："海瑞做得对呀！"

海瑞不仅不惧怕高官，为了国家，连皇帝他也敢骂。嘉靖皇帝晚年信奉道教，不理朝政，官员们为了讨好皇帝，争着给皇帝送礼品，没人敢议论时政。海瑞却不一样，他也知道指责皇帝会送命的，为了国家他却义无反顾。

嘉靖四十五年（1566年），海瑞在棺材铺买好了棺材，把家人托付给朋友，然后写了一篇《治安疏》，批评皇帝沉迷道教，不理朝政的弊端。

嘉靖皇帝看了大怒，吩咐手下赶紧把海瑞抓起来，别让他跑了。宦官黄锦说："听说这个人很不正常，估计是个疯子，他在上书之前已经遣散家人，买好了棺材，他是不会跑的。"

嘉靖皇帝听了沉默了一会儿，又把海瑞的上书看了一遍，叹息道："这个人可以和比干相比，但朕不是商纣王。"内阁首辅徐阶也对皇帝说："陛下可不能上他的当，他这样正是想得个忠臣的好名声。"于是，嘉靖皇帝只是吩咐把海瑞关进监狱，让他说出是谁指使他这么干的。

嘉靖四十五年，嘉靖皇帝驾崩，监狱的牢头感觉海瑞快要被放出去了，也许将来还会被重用，就

> **知识链接**
>
> **天下第一疏**
>
> 嘉靖年间，海瑞看到朝廷昏暗，奸臣当道，就写了一篇《治安疏》呈给皇帝。海瑞在奏疏中直言当时官场的黑暗和统治阶级的罪行，然后劝谏皇帝要立刻纠正这种不良之风，进行改革。嘉靖皇帝在看过之后大怒，于是下令将海瑞逮捕下狱，可还没有来得及给海瑞治罪，嘉靖皇帝就死了。明穆宗继位后赦免了海瑞并予以重用。

带来好吃好喝的款待他，海瑞却以为自己要被送去斩首了，就大吃了一顿。牢头告诉他，嘉靖皇帝死了，他贤明的儿子裕王朱载垕就要即位，海瑞要高升了。海瑞一听，顿时大哭起来，他的苦心终于没有白费。当年他批评皇帝可不是跟皇帝过不去，而是真的为皇帝和国家着想呀！裕王朱载垕即位后，果然赦免了海瑞，还给他官复原职。

隆庆三年（1570年），海瑞升调右佥都御史，外放应天巡抚，辖区多为富庶的鱼米之乡，也养肥了很多贪官，当地的贪官听说海瑞来了，都吓得提出辞职，权贵们纷纷把朱红色的大门涂成了黑色的，

江南织造把出行的车马随从都减少了。海瑞上任后，兴利除害，摧毁豪强的势力，把豪强夺走的土地归还老百姓，推行"一条鞭法"，兴修水利，整改河道，百姓都称海瑞为"海青天"，非常爱戴他。

万历十五年（1587年），海瑞在去南京上任的路上因病去世。海瑞死的时候，家徒四壁，连买棺材的钱都没有，他的朋友佥都御史王用汲去主持他的丧事，看他如此贫寒，不禁嚎啕大哭，和朋友们凑钱为他办了丧事。南京的百姓听说了海瑞的死讯，都罢市为他送行，他的灵柩运回家乡时，家乡的百姓白衣白帽站在两岸哭泣祭拜。朝廷追封海瑞太子太保，谥号忠介。

▲ 明朝万历五彩云凤纹葫芦形壁瓶

闯关小测试

1. 次辅徐阶最后扳倒大奸臣严嵩了吗？（ ）
   A. 扳倒了　　B. 没有

2. 嘉靖年间，创造鸳鸯阵抗击倭寇的是（ ）
   A. 戚斌　　B. 戚继光　　C. 胡宗宪

3. 在众人都不敢议论朝政的情况下，海瑞怎么做的？（ ）
   A. 闭口不言　　B. 人云亦云　　C. 直言不讳

参考答案：1.A 2.B 3.C

盛极而衰

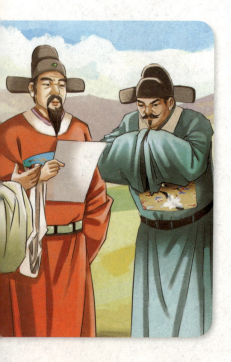

隆庆统治时期，皇帝在北方建立了封贡和互市，在南方开放了海外贸易，史称"隆庆开关"。隆庆帝宽厚开明，为一众有能力的大臣创造了施展才能的条件，高拱、张居正等名臣应运而生。但由于万历皇帝后期的不作为，朝廷又由盛转衰。

隆庆皇帝宽厚睿智

信奉道教的嘉靖皇帝终于"功德圆满"，向太上老君报道去了，他走的时候匆忙，连太子都没立（嘉靖皇帝先后立过两个儿子为太子，但他们都夭折了，他就没有再立太子），在他快要咽气的时候，赶忙颁发了一道遗诏，让三儿子裕王朱载垕即位。

裕王朱载垕继位后，定年号为隆庆，他在历史上被称作明穆宗，又被称作隆庆皇帝。

朱载垕16岁就在自己的封地生活，他通过接触下层社会，体会到了民间的疾苦，更深入地了解了明朝社会的各种矛盾。他以旁观者的眼光看到了严嵩

> **知识链接**
>
> **高拱**
>
> 　　高拱字肃卿，河南新郑人，是明穆宗的老师。明穆宗登基后升任内阁首辅。

专政、朝政腐败、南倭北虏、民不聊生的现状。

当了皇帝以后，朱载垕立即纠正了嘉靖帝在位时的各种弊政，他把之前因为言论触怒皇帝而获罪的官员全部召回，并加以重用，把嘉靖皇帝生前招来的一大批方士道士统统赶走，一个不留，过去皇宫里飘荡的烟熏火燎的味道一下子就被驱散了，不留一点痕迹。隆庆皇帝重用贤臣，他任用的徐阶、李春芳、高拱等内阁重臣都是很正直且有才干的臣子。贤臣辅佐明君，明朝的朝政一下就变得清明起来。

▲ 明穆宗

在嘉靖皇帝的时候，鞑靼一直是明朝的重要边患。隆庆皇帝登基后，和鞑靼订立了盟约，化干戈为玉帛，让边疆百姓过上了一段太平日子。

事情的起因是这样的。有一天，蒙古鞑靼俺答汗的孙子把汉那吉主动投降明朝，原因很好笑，因为他爷爷把他的媳妇送给了别人，所以他一生气投奔了明朝。如何处理这件事，隆庆皇帝和大臣们可是很头疼。这件事情弄不好是要引起战争的，但如果处理好了不失为改善和鞑靼关系的一个契机。因为俺答汗必定是要跟明朝要回孙子的，明朝把把汉那吉完好无损地交给他，可以获得他的好感，同时也可以借此和俺答汗谈判，把两国之间的一些问题谈妥。隆庆皇帝首先下令，封把汉那吉为指挥使，并给了他很好的待遇。这既是表明明朝看得起俺答汗一家人，也是日后跟鞑靼讨价还价的筹码。

三天之后，俺答汗果然上门来讨要孙子了，他率领十几万鞑靼军队开向明朝的边关，让明朝把他

> **知识链接**
>
> **爱吃果馅饼的明穆宗**
>
> 一日，明穆宗在处理完政事后突然想吃果馅饼，于是差太监去御膳房制作，不久后一个个诱人的果馅饼就放到了皇帝面前了，吃完后皇帝大赞御厨手艺，可是此时一个小太监告诉皇帝，为了制作果馅饼，共花费了五十两黄金。
>
> 但是皇帝可不傻，他以前就在宫外吃过这东西，于是对太监说："怎么可能花这么多钱？有五钱银子，足以在外面买一大盒子了。"太监听后连呼皇上英明。

战争对敌我双方的国力都是很大的消耗,因此,在可以维持和平的情况下,明朝不轻易用兵

的孙子还给他。俺答汗虽然带了那么多军队，但他不是来打仗的，他的目的很明显，是来要孙子的。隆庆皇帝也不想打仗，爷爷要孙子就把孙子送还给他吧，但是不能白白把人还给他，隆庆皇帝还想要一点交换条件。

高拱想了半天，想到鞑靼那边有一个叛逃的汉人赵全，这家伙对明朝底细一清二楚，总是给鞑靼军出坏主意，留着他可不是好事，就用他换把汉那古吧。于是高拱派出一个说客鲍崇德，凭他的三寸不烂之舌说通了俺答汗，最后明朝把把汉那古还给了鞑靼，鞑靼把赵全交给了明朝。

孙子要回来了，俺答汗高兴了，觉得这位明朝皇帝挺够意思的。他想和明朝再多谈一些事情，隆庆皇帝也早有这个意思，于是双方继续坐下谈了起来。双方关注的焦点是封贡互市的问题。

封贡互市分两个方面——封贡和互市。

封贡的意思是明朝封鞑靼的可汗和贵族一些官职，还给他们官服、印章，然后鞑靼听从明朝的教诲，不再进入边境抢劫。除此之外，他们每年还向明朝进贡马匹牛羊，而明朝赏赐俺答汗一些金银珠宝、日常用品，这叫封贡。

通过封贡的方式，明朝得到了马匹牛羊，鞑靼得到了很多财富和生活必需品。但是这还远远不够，鞑靼手工业没有明朝发达，他们非常需要明朝生产的布帛等日用品，如果不靠抢，那只有开办一个市场进行贸易。弄个集贸市场，来往商贩摆个地摊，这叫互市。

> **知识链接**
>
> **大禹治水用疏导**
>
> 相传在三皇五帝时期，黄河泛滥成灾，鲧、禹父子二人先后奉尧、舜二帝的命令治理洪水。鲧用"堵"的方法来治理，结果越治越糟，最后被处死。
>
> 大禹吸取了父亲鲧治水失败的教训，经过观察和总结，他采用"疏导"的办法治理洪水，经过多年艰苦卓绝的努力，终于征服了凶猛的洪水。

▼ 明神宗孝端皇后凤冠

经过双方的努力，两国的封贡关系建立了起来，边境市场也在1571年正式开放，边境贸易正式开通。在中国古代历史上，北方游牧民族的进攻和抢掠一向是中原王朝的一大苦恼。其实不是北方游牧民族天性喜欢抢劫，而是他们生活太艰苦，需要得到中原生产的物品来维持自己的生活。

隆庆皇帝与鞑靼开办封贡和互市，让双方都得到了好处，从朱元璋时代开始持续了两百多年的北疆战争终于结束了。这就像大禹治水改变封堵洪水的方法而用疏导一样，任何问题都有解决的办法，找到问题的原因，事情就容易解决了。这个事件在历史上称作隆庆和议，也叫俺答封贡。

隆庆皇帝做的另一件大事就是开放海禁。隆庆元年，福建巡抚涂泽民上书，请求开放海外贸易，变走私贸易为正常贸易。不久，明朝开放福建漳州府的月港，开始对外贸易，除了日本以外，各国的商人都可以到这里交易。

同年，隆庆皇帝宣布解除海禁，允许民间商人到海外从事贸易活动，这在历史上称作"隆庆开关"，从此民间的海外贸易获得了合法的地位，东南沿海各地的中外贸易进入了一个新时期。

隆庆皇帝在位仅六年，成就却不少，他做的这些事情大都是他的内阁大臣们提议，然后皇帝批准施行，说起来都是那些大臣的功劳。

但是隆庆皇帝宽厚睿智，让他手下的大臣可以尽力施展自己的抱负和才华，在隆庆时期有名的大臣徐阶、高拱、张居正都是难得的人才，他们能够

> **知识链接**
>
> **明朝海禁**
>
> 朱元璋为了防止沿海军阀余党和海盗的滋扰，在明朝前期下令实行海禁政策，禁止沿海居民出海贸易，也不允许一般外国商人到中国贸易，这个政策因为倭寇的出现也越来越严格。
>
> 到了隆庆年间终于宣布解除海禁，开始允许民间赴海外通商。

▲ 明景泰款掐丝珐琅勾莲纹花觚

一起创造隆庆时期的太平盛世，这和隆庆皇帝的宽厚睿智是有密切关系的。

毁誉参半张居正

嘉靖四年（1525年），张居正出生在湖广江陵一个败落的秀才家庭，其实他的祖上是随朱元璋打天下的功臣，只是到他出生的时候，他们家已经败落了。据说张居正原名叫张白圭，在他出生前一天的晚上，他的曾祖父梦见天上的月亮落到他家的大水缸里，然后变成了一只白乌龟，浮在水面上。在古代，梦见龟是吉利的象征，所以曾祖父就给刚出生的张居正起名张白圭。

全家人都对张居正寄予厚望，张居正也没有辜负大家的期望，他两岁能识字，五岁进学堂，十岁已经通晓六经大义，说起话来头头是道，人们都称其为"神童"。到了十二岁的时候，一天，张居正回来对父亲说，先生让父亲去一趟，张居正的父亲以为孩子闯祸了，赶忙过去。先生却对他说："你的孩子把我教的所有知识都学会了，带他去参加科举吧。"

然后张居正就一路开挂地参加了各种考试，神童之名远播。参加童生考试的时候，他遇到了主考官李士翱，李士翱非常欣赏张居正，但是觉得张白圭的名字有点儿怪，于是给他改名叫张居正。1537年，

知识链接

神童

神童是对先天异常聪慧的儿童的一种称呼，如战国时期的甘罗、三国时期的曹冲和孔融。宋朝王安石在《伤仲永》一文中探讨了神童的问题，强调后天的教育比天赋更为重要的思想观念。

圭

圭，音同龟，是古代的一种礼器。其材料往往为石头，也有少量为玉，是周朝臣子朝觐君王时一种身份的象征，不同尺寸以及不同名字的圭就可以代表不同的权力。

张居正去参加乡试，因文采出众得到考官们的一致赞赏，但是主考官湖广巡抚顾璘担心张居正年纪太小就中举，对这孩子的前途未必有好处，为了让他的将来有更大的发展，人为地给了他点挫折，没有让他中举。张居正铭感于心，回家埋头苦读，十六岁再次参加乡试，一考高中。中举后顾璘和他谈了话，他对张居正谆谆教导，还把自己腰间的犀带送给了他，期望他刻苦学习，将来成大器。

正在张居正春风得意的时候，却发生了一场祸事。他的爷爷为辽王当护卫，当时的辽王和张居正年龄相当，虽然为辽王，但是他读书做事什么都比不过张居正。本来这也正常，毕竟神童也不多，但是，辽王的母亲毛太妃就老拿张居正和他比，还不断地数落儿子不如张居正，这让辽王开始恨上了张居正，他拿张居正没办法，就把张居正的爷爷在酒桌上害死了。

张居正痛苦之余，开始认识到，任你读多少书，任你是怎么样的神童，都无法保护自己和家人的安全，只有权力，只有权力才能让自己报仇，才能让自己安全。

嘉靖二十六年（1547年），张居正考中进士，被授予庶吉士。在朝中为官，他和徐阶建立了良好的关系，受到徐阶的赏识和提拔。他痛恨严嵩，却也知道自己没有力量扳倒严嵩，表面上还要讨好他，让他对自己放松警惕，同时，张居正在朝中和其他官员的关系也比较融洽。

穆宗隆庆元年（1567年），张居正升任吏部左

> **知识链接**
>
> **考成法**
>
> 考成法是万历年间张居正提出的考核官员的措施。简单理解就是对官员要做的事情进行排序，列出一个期限，然后根据最终的情况进行相应的奖惩。
>
> **徐阶**
>
> 徐阶是明朝重臣，嘉靖末期至隆庆初期任内阁首辅。

侍郎兼东阁大学士。次年，他给皇帝写了一篇《陈六事疏》，阐述自己关于国家改革的意见。当时朝廷里对改革有不同观点，争论激烈，隆庆皇帝最终让张居正和与他观点不同的高拱一起并列宰辅。

1572年，万历皇帝即位，张居正和宦官冯保合谋，驱逐高拱，代替高拱做了首辅。在取得万历皇帝的母亲李太后的信任后，张居正获得了一切军政大权，他凭借手中的权力，施展自己的抱负，对当时的政治经济进行了一系列的改革。

万历元年（1573年），他实行考成法，对官员的政绩进行评定。万历六年，张居正下令清丈土地，清查大地主隐瞒的土地，三年后推行一条鞭法，改革赋税制度。万历八年，他下令吏部遍查两京衙门，裁减冗员。他还提出"厚农资商，厚商而利农"的观点。张居正在位期间，朝政纪纲法度清明，国家财政有所改善。虽然他做出了很多政绩，但是由于他手段严厉，得罪了不少当官的人。

万历五年，张居正的父亲去世，按明朝的规定，他应该回家守孝三年，但是在万历的支持下，张居正提出了"夺情"之请，意思是说朝中太需要我了，皇帝也离不开我，我回不去。但是朝中的官员不吃他那一套，纷纷上书抨击张居正。虽然最后张居正"夺情"胜利，但却失去了人心，得到了一个为了权势不孝的骂名。

当时明神宗（万历皇帝）年幼，万历皇帝的母亲李太后任命张居正为皇帝的老师，让他教导皇帝学习。张居正兢兢业业，他专门给皇帝制定了课程表，

知识链接

"一条鞭法"

"一条鞭法"就是把各州县的种种税收都量化成银两的一种税收制度，这样做其实可以简化税收过程，方便征收税款。

▲ 明朝青花竹节开光花卉纹胆瓶

封建社会治乱更替，很重要的原因就是土地的归属问题。开国初期，土地兼并的情况较少，随着时间的推移，兼并土地的现象越来越普遍，老百姓拥有的土地越来越少，生活越来越艰难，最后不得不发动起义。所以，张居正清丈土地，得到了老百姓的拥护

知识链接

罪己诏

罪己诏是古代帝王反省自我的御用文书，但是大多数情况下并不是皇帝真的认识到了错误，而是为了笼络民心，消除人们的不满。周成王、汉武帝、唐德宗等都曾颁发过罪己诏。

▲ 明代潮州窑堆贴花瓜形壶

严格按照规定上课，不准请假，甚至连休息也很少。

他注意方法，知道皇帝年幼，他给皇帝亲手编著了一本特别的教材——《帝鉴图说》。在书中他精心挑选了171个关于君王的故事，在每一个故事后面，张居正都配上一幅生动的图画，万历皇帝看了果然非常喜欢。

因为他教的是未来整个天下的负责人，张居正对小皇帝的教育不敢有一丝懈怠，对他要求也是极为严格。

有一次，万历皇帝在朗诵《论语·乡党》时，把"色勃如也"，读成了"色背如也"，一旁的张居正大喝一声："应当读'勃'"！吓得万历皇帝一哆嗦，赶紧改正再读。

万历皇帝也非常尊重张老师，每次上朝的时候，看张老师站着都觉得过意不去；每到夏天天热时，就让两个人在张居正旁边给他打扇；冬天的时候，在张居正脚底下铺一块毡布；张居正受寒肠胃不适时，万历皇帝会亲手调制姜汤，端给张先生取暖。

皇帝的母后李太后也非常信任张居正，如果皇帝做错什么事情，李太后就拿张居正吓唬皇帝，说："我要告诉张老师。"皇帝立马跪地求饶。

有一次，皇帝和宦官游玩时有失检点，太后知道了严厉训斥，并要求他写检查，皇帝一时抹不开面子，不愿意写，张居正就替皇帝写了《罪己诏》，在里面说了皇帝的很多过失，万历皇帝当时没说什么，但是在心里却恨起了张居正。

因为权势太大，张居正有些狂妄，他生活奢靡，出行乘坐的是由32人抬的大轿，轿子里面装修极尽奢华，在里面洗漱、休息、看书、观景的设施无一不全。万历十年，张居正病卒，享年58岁，临死之际，他的病榻上还堆满了公文和奏章。

张居正死后不久，那些张居正在任为官时，因为他严厉执法而被得罪的人都纷纷起来反对他。万历皇帝从小就被张居正严格训导，憋了一肚子气，后来又因为张居正替他写《罪己诏》严厉批评他而愤恨不已，这时看到群情激奋，就下诏夺张居正的谥号和封爵，还抄没了张居正的家产。

张居正的长子张敬修不堪忍受凌辱，自缢身亡，临死写下了一份血书，记录了张家遭受抄家的浩劫惨状。

而张居正在位时颁布的改革政令，都被一律废止。张居正苦心教导的万历皇帝，尝到了亲握权力的滋味，一改张居正的教导，随心所欲地和当年张居正的政令开始反着干了。

闯关小测试

1. 下面哪件事不是明穆宗的功劳？（　　）
   A. 抗击倭寇　　B. 封贡互市　　C. 开放海禁

2. 明神宗小时候害怕张居正吗？（　　）
   A. 害怕　　B. 不怕

3. 张居正死后，他生前所推行的改革依然执行吗？（　　）
   A. 执行　　B. 不执行

参考答案：1. A　2. A　3. B

文化繁荣

明朝后期，资本主义开始萌芽，经济文化发展快速，中国古代四大名著其中的三部都是在明代：施耐庵的《水浒传》、罗贯中的《三国演义》、吴承恩的《西游记》。

除了文学方面，在科学技术和医学、农业等方面，如徐光启的《农政全书》、李时珍的《本草纲目》等，也对后世产生了深远影响。在军事上，明朝军事力量也很强大，在日本侵略朝鲜的时候，明朝派出军队支援朝鲜，把日本侵略者赶回本土。

《水浒传》

> **知识链接**
>
> **《水浒传》**
>
> 《水浒传》是中国历史上最早用白话文写成的章回小说之一。《水浒传》问世后，在民间产生了巨大的反响，成了后世中国历史小说创作的领头兵。

中国古代四大名著之一《水浒传》的作者是施耐庵。施耐庵出生于1296年，原名彦端，字肇瑞，号子安，别号耐庵，是元末明初的著名小说家。他才华横溢，博古通今，十三岁入私塾，十九岁中秀才，二十九岁中举人，三十六岁中进士，还懂得医道。施耐庵在钱塘县当了一段时间的县尹，因为替穷人说话申冤被县官训斥，他看不惯官场的黑暗，

梁山聚义

干脆弃官不做，闭门写书。

元至正十三年（1353年），盐贩子张士诚在白驹场起兵反元，他敬佩施耐庵的文韬武略，多次邀请施耐庵做他的幕僚。施耐庵抱着创造一个太平世界的美好愿望，欣然前往，为张士诚出谋划策。但是后来张士诚居功自傲，独断专行，宠信一些溜须拍马的小人，而对忠言却听不进去，施耐庵多次劝谏，张士诚都不加理会。

失望之余，施耐庵愤然离开平江，临走前写了一首套曲《秋江送别》，送给张士诚手下的同事鲁渊、刘亮等人，然后就孤身一人浪迹江湖，替人看病解难。

后来他到江阴的一个财主徐麟家里当教书先生。除了教书以外，他还和自己的学生罗贯中一起搜集整理北宋末年领导的梁山起义的故事，为撰写《江湖豪客传》，也就是后来的《水浒传》的雏形准备素材。

元至正二十七年，朱元璋灭掉张士诚后，到处搜捕张士诚的部下和余党。为了逃避朱元璋的追杀，施耐庵征求好友顾逖（tì）的意见，在白驹修了房屋，从

武松是《水浒传》中重点刻画的人物之一，他有勇有谋，是十大步军头领之一

文化繁荣 |《水浒传》

此隐居起来，专心于《水浒传》的创作。

据说施耐庵不仅才华横溢，而且武功高强。《水浒传》中有些故事就是根据他的亲身经历编写的。当初他浪迹江湖的时候，有一天，他遇见一个恶霸正在抢夺一个老农的茶园。施耐庵看不下去，上前呵斥，恶霸看施耐庵理直气壮，以为他有什么来头，就灰溜溜地走了。后来他打听到施耐庵的住所，知道他只是一个人，也没什么背景，就带着一批打手围住了施耐庵的住所。

施耐庵却毫不畏惧，一个人大摇大摆地走出来。一个打手拿着铁棒向施耐庵打来，施耐庵侧身闪开，然后回身抢下铁棒，用铁棒把他们打得落花流水。据说在《水浒》中，鲁智深在相国寺降服众泼皮的情节就是从这里来的。

施耐庵曾经投身于元末风起云涌的农民运动，对起义军的官兵都有很深入的了解。《水浒传》中的一百零八条好汉其实是元末农民起义军将领们的写照。

据说有一次，施耐庵见徐麟家珍藏着一些旧的木鱼和木槌，很是奇怪，就去问徐麟。徐麟说："我认识一位老和尚，他念经拜佛用心很诚，一边念经一边敲木鱼，把木鱼都敲出了凹陷，人读书做学问也要这样呀。我珍藏它是为了让更多的人知道这个道理。"

施耐庵深受启发，说："我们写书也要有这种锲而不舍的精神才行。"于是，他自己的居所便选用了"耐庵"两个字，告诫自己要排除一切困难，

知识链接

武松打虎的来源

武松打虎是《水浒传》中的经典故事。据说当时施耐庵因为写作累了，于村子里的后阳岗放松。此时他看见有条黄狗睡在松树下，一名叫武阿二的壮丁不知道什么原因把黄狗打跑了。

施耐庵突然灵机一动，便迅速跑回家，然后拿起笔以此为原型进行了武松打虎的创作。经过他的描写，武松成了《水浒传》中最受欢迎的人物之一。

写好《水浒传》。外人不知其意，就把他称作"耐庵先生"。时间长了，他也觉得这个名字不错，就正式用了施耐庵这个名字。日后他就以施耐庵这个名字与他创作的文学名著《水浒传》一起名传千古。

《三国演义》

> **知识链接**
>
> **罗贯中**
>
> 相传，元朝末年罗贯中在苏州结识了施耐庵，并拜施耐庵为师，两人一起参加了张士诚的反元起义。
>
> 后来罗贯中开始专心著书，代表作有《三国演义》《残唐五代史演义》等。

经典名著《三国演义》的作者罗贯中，据说他名本，字贯中，号湖海散人，山西太原人，是元末明初著名的小说家、戏曲家，是中国章回小说的鼻祖之一。

罗贯中十四岁时母亲病故，他随父亲到苏州、杭州一带做生意，当时江浙人口密集，经济文化发达，也是戏曲艺术发展的中心，很多北方的文人，比如关汉卿、郑光祖，都到杭州来发展。受到这种文化的熏陶，罗贯中从小就对小说戏曲艺术感兴趣，经过父亲的同意，他拜当时的著名学者赵宝丰为师，跟随他学习文化知识。

至正十六年（1356年），"有心图王"的罗贯中投奔张士诚，在他的手下做了一名幕僚。罗贯中给张士诚出谋划策，为张士诚打败朱元璋手下大将康茂才立下了功劳。但是后来罗贯中看到张士诚并不是一位雄才大略的主公，跟随他没有什么发展，就离开了张士诚，回到了杭州。当时他已经五十多岁了，对社会、历史有了一些自己的看法，就在这个时候他开始了《三国演义》的写作。

文化繁荣 |《三国演义》

　　小说《三国演义》讲述的是从东汉末年黄巾军起义开始,到司马氏攻灭东吴统一中国为止近一百年的历史故事。在《三国演义》的写作中,罗贯中吸收了正史《三国志》的长处和民间话本《说三分》的精华,运用他谙熟于心的历史资料,对历史人物进行了生动形象的描述和刻画。奸诈而有见识的曹操,勇敢忠诚的关羽,鲁莽的张飞,勤勤恳恳、深谋远虑的诸葛亮,胸有智谋而心胸狭窄的周瑜,在他的笔下都栩栩如生。

▲ 《西游记》

在小说的开头,他还引用了杨慎的一首词作为全书的开篇:"滚滚长江东逝水,浪花淘尽英雄,是非成败转头空,青山依旧在,几度夕阳红,白发渔樵江渚上,惯看秋月春风,一壶浊酒喜相逢,古今多少事,都付笑谈中。"这首词成了日后电视剧《三国演义》的主题曲歌词。

罗贯中创作的作品不只《三国演义》一部,或许是因为自身经历的原因,他所写的小说多是以战争为题材的,除了《三国演义》之外,还有《隋唐两朝志传》《残唐五代史演义》等,讲述了隋末唐初和五代十国这两个乱世的历史故事。在罗贯中写《三国演义》的时候,施耐庵从苏州迁到兴化,并在洪武三年去世,为了纪念他的这位老师兼朋友,罗贯中对施耐庵的《水浒传》进行了增补和修改,现在的《水浒传》中也凝结着罗贯中的功劳。

> **知识链接**
>
> **中国古代四大名著**
>
> 四大名著指《三国演义》《西游记》《水浒传》及《红楼梦》四部中国古典章回小说。四部著作都有很高的艺术水平,书中细致的刻画和所蕴含的思想都为历代读者所称道,历久不衰。

《西游记》

除了《水浒传》《三国演义》这样讲史写人的小说之外,中国古代还有一种写神仙鬼怪的神魔小说,代表作就是大家耳熟能详的《西游记》,它的作者是吴承恩。

吴承恩出生在一个由官员下海成为商人的家族,在古代商人是被人瞧不起的行业。尽管如此,吴承恩自幼聪明过人,《淮安府志》上说他"性敏而多慧，博及群书，为诗文下笔立成"，意思是说，吴承恩聪明智慧，博览群书，写诗或者写文章的时候，拿起笔来一气呵成，根本不用花太多时间考虑。而且他还精于书法，喜欢绘画，填词写曲无一不精。所以大家都认为他参加科举考试就好像在沙滩上捡贝壳一样，手到擒来，根本不成问题。但是，他却屡考不中，到了中年，才补上一个"岁贡生"，后来做了长兴县的县丞。

本来吴承恩可以以此为基础，一步步往上爬，但是他看不惯官场的黑暗，不久就气愤地辞官回家了。科考的失意，生活的困顿，为官的经历，让吴承恩对当时社会的黑暗现实有了清醒的认识。他运用神话小说的形式把自己的不满表现出来。他曾这样说过："虽然我写的是妖魔鬼怪，但却是人间事情的变异。"就像古代《伊索寓言》一样，表面上写的是动物世界，实际上却在暗指人间百态。

吴承恩从小就喜欢读那些民间故事，狐仙鬼怪的传说以及古代的神话类书籍。他还看过《百怪录》《酉阳杂俎》这类野史小说。这些都潜移默化地形成了他搜奇猎怪的嗜好。随着年龄的增大，这种爱好却有增无减，而且他不满足于看书的内容，还要像现在的网络作家一样，把他"贮满于胸"的神奇古怪的故事写出来，这或许就是他写《西游记》的创作动机。

吴承恩在写《西游记》时汲取了很多民间流传故事，查阅了大量文史典籍，塑造了唐僧、孙悟空、猪八戒等众多人物的光辉形象。

> **知识链接**
>
> **《伊索寓言》**
>
> 《伊索寓言》是世界上最古老、影响最大的寓言故事集，大约成书于公元前3世纪，而伊索则被认为是公元前6世纪的古希腊人，他善于讲故事，这些故事就被后人整理成集。书中的寓言寓意深刻，富有哲理，一直流传到现在。
>
> 《伊索寓言》取材广泛，有的来自古希腊民间故事，有的则是印度、阿拉伯及基督教故事，共三百五十七篇，故事主角大部分为动物。

▼ 明代黄花梨折叠式镜台

《西游记》里的主要人物之一就是作为师父的唐僧。唐僧的原型就是玄奘,他在唐朝初年西行去印度取经,不仅把很多佛教典籍带到中国,还根据旅行的所见所闻,写作了一部《大唐西域记》。吴承恩笔下的唐僧是一个很有意思的人物,他既有坚韧不拔的取经决心和慈悲的心肠,又胆小怕事,真伪不分,迂腐固执。吴承恩把一个历史上赫赫有名的高僧形象和一个凡夫俗子的形象在唐僧身上结合了起来。

唐僧的徒弟里最有名的是孙悟空。他是一只石猴,曾经大闹天宫,被如来佛制服,后来跟随唐僧取经,一路上降妖伏魔,为取经事业立下了汗马功劳。《西游记》里孙悟空的形象吸收了中印两国神话人物的特

在《西游记》第九十八回,师徒四人在灵山正愁无法过河时,迎面而来一艘船,船上站着一位船夫。但船没有底,唐僧不敢上船,后来在悟空、船夫的劝说下跳上无底船,肉身便沉入河中,唐僧便脱去了凡胎

点。中国古代的水怪无支祁长得像猿猴，后来被大禹锁在龟山脚下。《西游记》里孙悟空的早期故事就是受无支祁的启发。印度古代神话传说中还有一只神猴哈奴曼，能够在空中飞行，力气大得能驮起一座山，还有很多哈奴曼钻进妖怪肚子里的传说，孙悟空降妖伏魔的故事，就是从哈奴曼的故事中汲取了营养。吴承恩在中印神话故事中神猴形象的基础上，创造出了一个神通广大、幽默诙谐、机智勇敢、为广大读者喜爱的孙悟空的形象。

《西游记》里另一个有意思的人物是猪八戒。猪八戒在以前的唐僧取经故事里并不是猪，而是一头驴。吴承恩在《西游记》里把驴改成了猪，并且在这个人物身上把猪馋嘴懒惰的特点和一个贪色、贪财、贪吃、贪睡的有缺点的人的形象结合起来，创造出了一个经常让读者捧腹大笑的猪八戒的形象。

《西游记》还塑造了沙僧、白龙马、观音菩萨、玉皇大帝、太白金星和众多妖魔的形象，它们都生动有趣，栩栩如生。

《西游记》是一部优秀的文学作品，被称为中国古代四大名著之一，是吴承恩对中国文学的重大贡献。吴承恩一辈子没有做上大官，也没有赚很多钱，而这一部《西游记》足以让他名传后世。

> **知识链接**
>
> **《大唐西域记》**
>
> 《大唐西域记》是唐代高僧玄奘所著，书中记述了他去天竺（今印度）取佛经时途经各国的见闻，记载了途径国家的建筑、气候、风土人情、宗教信仰、佛寺以及当地大量的历史传说、神话故事等，是研究中亚、南亚诸国的珍贵历史资料。

▼ 唐僧骑白马

引进西学的徐光启

徐光启很多人都听说过，他有两大贡献，其中之一是写了一部《农政全书》，总结了中国古代在农业生产上的成就；另一大成就是把当时西方很多先进的科学技术引入了中国。

嘉靖四十一年（1562年），徐光启成长在上海法华汇（今天的徐家汇），后人为了纪念徐光启，将法华汇改名为徐家汇。他从小生活在农村，在上学路上，年纪很小的徐光启留心观察农田，对农业有着浓厚的兴趣。万历九年（1581年）中秀才之后，他便在家乡和广东、广西等地教书，一边教书一边研究农事，后来他见天文历法和数学跟农事也息息相关，于是他便开始涉猎这些方面的书籍。

经过刻苦的钻研和多年的积累，他写成了一部《农政全书》。这本书一共有60卷，50多万字，共分12门：农本、田制、水利、农事、农器、树艺、蚕桑、蚕桑广类、种植、收养、制造、荒政。书中大部分篇幅都是分类引用了古代关于农事的文献和明朝当时的文献。徐光启在其中也加入了自己关于农学的心得体会，大概占其中的六万字左右。

徐光启的贡献绝不仅仅在农学上，他还对推动当时中国学习西方的先进技术做出了贡献，这对后世产生了更深远的影响。

▲ 徐光启

知识链接

《天工开物》

除了徐光启的《农政全书》，还有另一本科学巨著值得我们瞩目，那就是宋应星的《天工开物》。宋应星是明朝万历朝的人，他博学多才，著述颇多。《天工开物》由宋应星初刊于1637年，内容涉及农业和手工业，收录了制盐、染色、榨油、采煤、陶瓷、硫磺、烛、纸、兵器、火药、纺织等农业和手工业生产技术，外国学者把它叫做17世纪中国的工艺百科全书。

万历二十三年（1595年），徐光启在广西浔州遇见了传教士郭居静，从郭居静那里，徐光启了解了很多当时的中国人所不知道的东西，比如地球是圆的，人们可以用天文望远镜观测天上的星体，等等。从此他开始接触西方的近代科学。明朝末年，朝廷腐败，民不聊生，徐光启希望能用西方的科学技术帮助国家富强起来。他听说西方传教士利玛窦精通西方科学，就去南京拜访他，两人很快成了朋友。三年之后，徐光启皈（guī）依了天主教。

万历三十二年（1604年），徐光启考中进士，在朝廷里做了官。第二年，利玛窦也来到北京，经过明神宗的同意，他在北京长期居住了下来，开始传教活动。而徐光启在闲暇之余，经常去拜访他，让利玛窦向他传授西方的科学知识。利玛窦见他这么好学，就答应了他。利玛窦用公元前三世纪希腊数学家欧几里得的著作《几何原本》作教材，向徐光启讲授西方的数学理论。

聪明的徐光启经过一段时间的学习，完全弄懂了欧几里得的数学理论的内容，他感觉这些正是中国古代算术所缺少的，于是他和利玛窦商量，想把它翻译成中文。但是利玛窦手里的这部著作是拉丁文（已从希腊文翻译成拉丁文）的版本，在语法上和中文有很大的不同，很多专用名词在中文里根本没有对应的词汇。

但是，徐光启的决心是坚定的，在公元1606年的冬天，这项伟大的工程开始了：先由利玛窦用汉语逐字逐句地口头翻译，再由徐光启草

知识链接

欧几里得

欧几里得是古希腊著名数学家，被称为"几何之父"。

欧几里得出生于雅典，后受国王的邀请移居亚历山大城，他所著的《几何原本》是世界上最早的公理化数学著作，成为欧洲数学的基础。

▼ 大明万历年壬辰年制款剔彩龙纹盘

文化繁荣 | 引进西学的徐光启

录下来，然后字斟句酌进行推敲修改，最后利玛窦再拿徐光启的译本和拉丁文本的书进行比对，遇到翻译得不妥当的地方，就要重新翻译，如此反复。有时候他们两人整夜不眠，通宵达旦。

经过他们的努力，这本科学名著终于有了第一个中译本，其中的很多专业名词，像平行线、三角形、对角、平角、锐角、钝角、相似等我们耳熟能详的数学词汇，都是徐光启呕心沥血反复推敲后定下来的。在翻译书名时，他们想了很多中文词汇，都不满意，最后徐光启想起了"几何"一词，最后将其定为《几何原本》，一经刊印，引起了巨大的反响，它成了明朝数学教育工作者的必读书，极

大地补充了当时的中国人对数学的认识。我们真的应该向这位伟大的科学家致敬,有了他才有了中国的近代数学。

崇祯六年(1633年),徐光启因病逝世,终年71周岁,但他对祖国科学技术发展做出的巨大贡献让人们永远不会忘记他。

变成了昏君

万历皇帝名叫朱翊钧,是隆庆皇帝的儿子,他的母亲却不是皇后,而仅仅是裕王府(隆庆皇帝继位前是裕王)的一个宫女李氏。小时候的朱翊钧聪明伶俐,非常懂事。有一次隆庆皇帝在宫中骑马驰骋,小小的朱翊钧上前拦住,奶声奶气地说:"父皇是万乘之尊,您这样骑马太不安全了,万一有个闪失可怎么得了?"隆庆皇帝听了非常感动。

朱翊钧10岁继位做了皇帝,又被称作万历皇帝,史称明神宗,他的母亲李氏成了皇太后。李太后一心想让儿子成为一个有为的君主,对小皇帝的教育非常严厉,每次小皇帝不读书,李太后就要罚他跪着,直到天亮去上朝。也是万历倒霉,不仅有这样一位严厉的母亲,还有一位更加严厉的老师——张居正。张居正和李太后一样,都想把万历皇帝培养成一位有作为的皇帝,但是他们对万历皇帝管得太严厉了,在他心中埋下了叛逆的种子。

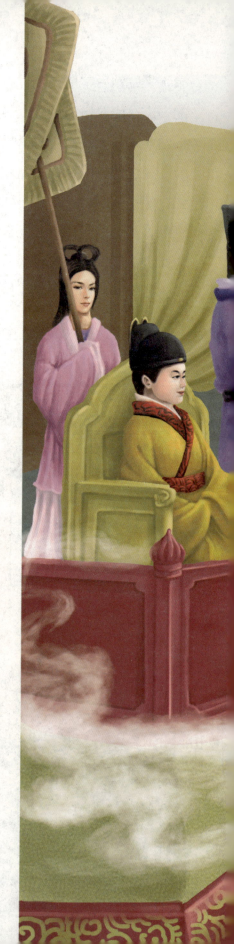

文化繁荣 | 变成了昏君

万历皇帝在位初年，在张居正的辅佐下实行了一系列改革，使社会经济有了很大的发展，人民生活水平也有了提高，万历皇帝亲政后，励精图治，勤俭治国，颇有勤勉的明君风范，开创了"万历中兴"的局面。

张居正去世后，万历皇帝听信了反对张居正的大臣的谗言，开始清算张居正，把他的家产全部抄没，张居正以前进行的很多卓有成效的改革也被取消了。失去了张居正的辅佐，万历皇帝慢慢地从明君变成了昏君。

到万历十四年（1586年）十一月，万历皇帝突然不再管理朝政了，奏疏也不批了，上朝也不准时了。朝中大臣以为他生病了，歇息一两天就好了，但是，他却一直歇息到了升天的那一天。好在朝中有内阁大臣们主持，一切事情还在正常进行。

皇上消极怠工，却也不是一点事都不管，朝廷里的大事还是需要他同意的。万历二十年（1592年），蒙古贵族哱（bā）拜在宁夏发动叛乱，万历又任命李如松为提督陕西讨逆军务总兵官，前去平叛。李如松和麻贵在宁夏历经几个月终于击败叛军，抓住哱拜，宁夏之乱平定。然后李如松还没喘息一会儿，就接到命令，率领军队去朝鲜，支援朝鲜军队抗击日本的入侵。提督陕西就变成了提督辽东，李如松带着他的军队就朝辽东出发了。经过一年多的战斗，李如松把倭寇从朝鲜赶了出去，保卫了明朝边境的安定。

"宁夏之役"、援朝抗击倭寇之战，再加上平

▲ 明神宗像

知识链接

李如松

李如松是明朝著名将领，是辽东总兵李成梁的长子。万历三大征中，其中有两场是由李如松参与或指挥，立下赫赫战功。之后他战死沙场，终年五十岁。

定苗疆土司杨应龙的叛乱，这在历史上称为"万历三大征"。这三大次战役巩固了明朝领土的完整和边疆的安定，但是国家消耗了大量的钱财。

万历皇帝在执政后期贪财好色，没收的冯保、张居正的财产他都存到自己宫里，还仿效他祖父嘉靖皇帝的做法，在民间广选嫔妃，曾经在一天里娶了九个妃子。

有一次，他去太后宫里，看到一个姓王的宫女长得很漂亮，就临幸了她。结果这位宫女怀孕了，太后问起万历皇帝，他却不承认，但是皇帝做的事情太监都记录在起居注里，他不承认也没有用。在太后的逼迫下，他只好封那位宫女为恭妃。后来这个恭妃生下了一个儿子，他就是未来的皇帝朱常洛。以后万历皇帝喜欢的郑妃又在万历十四年（1586年）生下了一个儿子朱常洵。

按理说朱常洛是长子，应该立他为太子，可是万历皇帝宠爱郑妃，想立她生的儿子朱常洵为太子。大臣申时行看出了万历皇帝的想法，怕他做出废长立幼的举动，引起宫廷内部的混乱，就提前上书，让万历皇帝早立长子朱常洛为太子。万历皇帝不听，却说郑妃劳苦功高，要把她册封为皇贵妃。皇贵妃是仅次于皇后的级别，中国古代是子以母贵，傻子都知道万历皇帝想干什么。于是大臣们前赴后继地上书反对，但是万历皇帝一概不听，还是把郑妃封为皇贵妃，那些上书反对的大臣都被撤了职。

尽管如此，大臣们还是竭力反对皇帝立朱常洵

知识链接

朱常洵

朱常洵是万历皇帝朱翊钧第三子，因明神宗宠爱其母郑贵妃，于是想立朱常洵为太子，但大臣们要求万历皇帝遵循古训，立长子朱常洛为太子，双方争执了长达16年之久。

到公元1601年，万历皇帝最终册封皇长子朱常洛为太子。

▲ 定陵无字碑

为太子。万历十八年（1590年）正月初一，内阁首辅申时行上书，再次要求皇帝册立朱常洛为太子，但是皇帝却说，这事情我知道了，按道理我是会立长子为太子的，但是这个孩子还小，身体也不太好，再等等吧。

申时行说："皇长子已经九岁了，应该出阁读书了，请陛下早日决定此事。"因为在明代，皇子出阁读书，就等于承认其太子的地位了，万历不傻，所以他不会上当。他竟然说："天资聪明的人不读书也行，皇长子还小，不着急，先生你不要说了，这件事情我知道了。"

万历皇帝其实心里想立自己宠爱的郑贵妃的儿子朱常洵当太子，可又找不到合适的理由，而大臣们一致要求立皇长子朱常洛为太子，一时谁也说服不了谁，万历皇帝就躲进后宫不出来，把朱常洛出阁读书的事情也给耽误了。

万历二十年（1592年），礼部给事中李献可上书万历皇帝，要求皇帝让朱常洛出阁读书，万历皇帝生气了，把李献可降级调到京外任用。但是圣旨刚发下来就被内阁首辅王家屏给退回来了，皇帝气急败坏地让王家屏回家休养去。但是这压不倒朝中的大臣们，他们不断地给皇帝上书，万历皇帝生气了，把他们降职的降职，发配的发配，廷杖的廷杖，短短几天内，一共罢免了十二位当朝官员。这件事情一直没有结果，直到万历二十九年（1601年），沈一贯再次向皇帝上书，要求册立朱常洛为太子，奏疏内容和以往其他大臣所写的也没有什么大的区别，但是万历皇帝经过这么长时间的折腾，终于答应了。

> **知识链接**
>
> **明末三大悬案**
>
> 明朝末期宫廷中发生的梃击案、红丸案、移宫案，史称明末三大悬案。第一案是梃击案。万历四十三年，一个名叫张差的男子闯进警戒森严的太子宫，用棍打伤太子朱常洛，惊动朝廷，最终张差被凌迟处死。第二案是红丸案。万历四十八年七月，万历皇帝病逝，八月，太子朱常洛即位，因为服用鸿胪寺丞李可灼上供的红丸而驾崩，在位仅29天。第三案是移宫案。朱常洛死后，大臣杨涟、左光斗为了防止朱长洛的宠妃李选侍干预政事，逼迫她从乾清宫移到哕鸾宫。

▲ 明光宗

万历二十九年，皇长子朱常洛正式被册封为太子，这一万历年间轰动的政治事件终于圆满落幕。

万历后期，万历皇帝终年躲在后宫不理朝政，朝廷里也是朋党林立，大臣们互相争夺权势。同时，后金迅速崛起，万历四十七年（1619年）的萨尔浒之战，明军派出四路大军进攻后金，结果三路全军覆没。此后后金不断发兵进犯，连绵不断的战事让明朝疲于应付，军饷的巨大开支落到百姓头上，弄得民不聊生。大明朝在万历年间开始走向衰亡。

万历四十八年（1620年）七月，万历皇帝驾崩，太子朱常洛即位，史称明光宗。万历皇帝在1572年即位，1620年去世，一共在位48年，是明朝在位最久的皇帝。可是大明朝在他的统治下不但没有繁荣起来，反而由盛转衰。

闯关小测试

1. 《西游记》的作者是（ ）
   A. 施耐庵　　B. 吴承恩　　C. 罗贯中

2. "平行线""三角形"这些词是谁创造出来的？（ ）
   A. 郭居静　　B. 利玛窦　　C. 徐光启

3. 最终被万历皇帝立为太子的是（ ）
   A. 朱常洛　　B. 朱常洵

参考答案：1.B　2.C　3.A

明朝灭亡

明朝末期，皇帝昏弱，宦官当道，太监魏忠贤把持朝政，在朝中设立"东厂""锦衣卫"等特务机构，残害朝臣。而在北方，后金开始强大，不断侵扰边关，朝廷派出袁崇焕等抵御侵略。但是，早已千疮百孔的大明王朝最终也没能挽救自己的命运，随着李自成攻入北京城，明朝最后一个皇帝崇祯在煤山自缢，太祖朱元璋创立的大明王朝至此完结。

大明军队支援朝鲜

明朝万历年间，远在东洋的日本结束了战国时代的混战，政治家丰臣秀吉基本统一了日本。丰臣秀吉被胜利冲昏了头脑，想对外扩张，入侵中国。但是在中国和日本之间隔着一个朝鲜。丰臣秀吉起初想和朝鲜谈判，希望能借道朝鲜，进攻明朝。可是当时的朝鲜是明朝的藩属，他们的国王都是明朝册封的，他们希望维持和明朝的关系，不愿意配合日本的侵略。丰臣秀吉恼羞成怒，决定派兵进攻朝鲜。

知识链接

丰臣秀吉

丰臣秀吉是日本战国时期著名政治家，其统一日本后妄想吞并朝鲜和明朝，结果被明军大败，铩羽而归，最终悔恨交加，不久后病死。

万历二十年（1592年）五月，丰臣秀吉的十五万日军分别从福冈、名古屋出发，渡海向朝鲜挺进。日军先锋小西行长首先发起进攻，仅用两个小时，就攻破釜山，一路势如破竹，一直把朝鲜国王李昖（yán）赶到了鸭绿（lù）江边，李昖向明朝求救，要求渡江避难。

明朝对这个忠实的藩属不会不管不顾。万历二十年七月，明朝向朝鲜派出了第一支援军，统兵大将是辽东副总兵祖承训。

万历皇帝显然没把小小的日本看在眼里，一开始并不知日本十五万精锐部队在朝鲜横行无忌，便只给了祖承训三千精兵。祖承训本人也很自大，他自己曾经在名将李成梁手下干过，觉得李成梁的本事自己起码也掌握了一半，对付这等蛮夷绰绰有余。

在祖承训心里，日本还是个蛮夷国家，茹毛饮血，衣着兽皮，用木棒做武器。但事实上，当时日本军队训练有素，使用火枪、火炮等先进武器，日军先锋小西行长也诡计多端，他让部队埋伏在城里，等祖承训的部队全部进城后，号令一发，日军一起出动，对明军一阵猛打，祖承训的军队几乎全军覆没。

战败的消息传到国内，大明朝廷震惊，万历皇帝第二次派出了援朝的部队，这一次以李成梁的长子李如松为主帅，军队的主力是辽东精骑一万，宣府、大同精骑八千，川军一万人，参战的总兵力达到了四万多人。万历二十年十二月，李如松率领大军，跨过鸭绿江。朝鲜国王李昖对援军早就翘首以待了。

见李如松带来仅仅四万士兵，而日军有十五万人，朝鲜将领柳成龙感到很失望，他仿佛预见到了明军的再一次失败。祖承训吃了败仗，更是把日本人描述得

如妖魔鬼怪一样厉害无比，还说日本人武器奇特，李如松以妖言惑众的罪名把他狠狠打了二十军棍。

经过几番小规模的较量，李如松摸清了日军的底细，万历二十一年正月，明军整队出发，大举进攻日军。

明军首先进攻的是平壤的西城，这一次他们使用了一种先进的武器，它是用嘉靖初年海道副使汪鋐击败葡萄牙船队时缴获的一种武器改良而来的，是一种火炮，名字叫佛郎机。

在明军几轮炮轰下，日军损失惨重，城头上黑烟密布，到处都是尸体。炮轰过后，明军分成几路在杨元、张世爵、李如柏的率领下，向各个城门发起猛攻。

日军也是相当顽强的，他们在小西行长的指挥下很快重新布阵，充分发扬他们的武士道精神，拼死反击。但是明军依然奋勇争先，爬梯攻城。李如松亲自披甲上阵，鼓舞明军奋勇作战。明军看到主将这么勇猛，也拼命地往前冲，战斗变得越发激烈。

双方都打得很玩命，战斗迟迟不分胜负，李如松最后动用了他从明朝拉来的超级大炮，这种炮叫"大将军炮"，炮身长三尺有余，重几百斤。随着李如松一声令下，大炮发出了震天的轰鸣，炸开了平壤的七星门。三万明军杀进城去，日军纷纷弃城逃窜，平壤城重新回到了大明朝的藩属——朝鲜手中。

在平壤战役中，明军大败日军，在朝鲜获得了巨大的声望，面对日军也有了心理优势。接下来明军又在王京战役和几次小规模的战役中取得了胜利，

知识链接

名将李成梁

李成梁（1526年—1615年）是万历时期的著名将领。在他镇守辽东30年间，曾率领辽东铁骑先后获得十次大的胜利。但随着身份地位的上升，他开始变得奢侈无度，甚至虚报战功，于是被朝廷罢官。后李成梁再次复职，于明万历四十三年（1615年）逝世，享年90岁。

▲ 明神道石刻（武将）

日军节节败退。但在碧蹄馆遭遇战中，中日双方胶着一夜，难分胜负，于是明朝政府内部的主和派力主议和，中日双方开始谈判，明军向国内撤退，第一阶段的战争宣告结束。

但是日本对外侵略的野心不死。看到明军撤回国内，日本又一次出兵朝鲜。

公元1597年，万历皇帝再次派明军援朝作战，总兵力有十万左右，和朝鲜的将士共同抗击日军的侵略。经过明军和朝鲜将士的奋勇抵抗，日军没有取得进展，占领朝鲜的图谋没有得逞。

公元1598年，丰臣秀吉病危，命令所有在朝作战的日军全部撤回日本。明朝的援朝战争取得了最后的胜利。

这次援朝战争打击了日本侵略者的嚣张气焰，支援了明朝的邻邦朝鲜，也维护了国家的边境安全，是万历时代的光辉一笔。

知识链接

麻贵与"东李西麻"

麻贵是明朝的著名将领。在明代，以李如松为代表的李家和以麻贵为代表的麻家都是抵抗外敌的中流砥柱，被称为"东李西麻"。

麻贵很早就跟随父兄征战沙场，先后镇守宣府、大同，后来担任抗倭总兵官，率领军队到朝鲜抵抗倭寇，大获全胜。

木匠皇帝朱由校

明光宗朱常洛即位，仅一个月便去世了，由其皇长子朱由校继位，是为明熹宗。他在位初期，由一批正直的大臣掌管内阁和六部，包括杨涟、左光斗、高攀龙、赵南星、孙承宗等人，他们后来又被称作东林党人。因为在朱由校当皇帝的事情上，杨涟等人尽职尽责，所以朱由校对他们非常信任，

▲ 明田黄兽钮引首章

明朝天亡 | 木匠皇帝朱由校

并且对他们言听计从。在东林党人的辅佐下，朱由校提拔了大将袁崇焕，还为前朝重臣张居正平了反，朝政似乎已经进入正轨。

朱由校当了皇帝，可他对治国平天下没啥兴趣，他唯一的爱好就是做木工活，所以又被称作木匠皇帝。

明熹宗朱由校不去上朝，喜欢待在宫里摆弄宫里的木器，甚至把宫里的一些木器拆了再重新组装，以验证自己的木工水平。他还喜欢设计制造一些奇巧的小玩意，比如做一个木制模型，里面有山有水有人，还有控制机关。他让太监们把他的作品拿到市场上去卖，据说能卖几千两银子。

朱由校的亲生母亲死得早，他在李选侍的淫威下长大，只有在他的奶妈客氏

明代家具采用榫（sǔn）卯结构，饱含着科学道理，可以避免铁钉或乳胶受自然环境影响而生锈或脱落

那儿才能得到些许温暖，所以他在当了皇帝之后还离不开自己的奶妈，就封她为"奉圣夫人"，允许她可以自由出入宫廷。

客氏渐渐感受到了自己拥有的特权，开始专横跋扈起来。宫里很多妃子都受到了她的迫害。明光宗的选侍赵氏，不知因为什么事得罪了客氏，客氏就伙同太监魏忠贤假传圣旨，赐赵氏死，就是逼她自杀。赵氏知道自己是受到了陷害，可是她叫天天不应，叫地地不灵，悲愤之中就把当年明光宗赐给她的物品都拿出来摆在桌子上，面朝西方，跪拜先帝，然后哭着上吊自尽了。

遭到客氏迫害的还有朱由校的妃子裕妃张氏。张氏为人正直，性格刚烈，经常谴责客氏和魏忠贤的所作所为，成为他们的眼中钉。可是张氏得到朱由校的宠爱，还怀上了他的孩子。客氏就和魏忠贤一起假传圣旨，说她犯了欺君之罪，把她关到一间破屋子里，不给她饭吃，过了十几天，张氏就被活活饿死了。

太监魏忠贤不仅和客氏一起在宫里做了很多坏事，还在朝廷里专权，迫害了很多正直的大臣。在朱由校继位初年主导朝政的杨涟、左光斗等人都被魏忠贤害死。从此朝廷里奸人当道，清官受到排斥，朝政越发腐败。由于朝政腐败，社会黑暗，农民受到了残酷的盘剥，社会矛盾迅速激化。天启七年（1627 年），陕西等地的人民不堪忍受发动了起义。

内忧纷起，外患也不断，山海关外，在努尔哈赤统率下的后金骑兵不断进逼，明朝的东北边防顿时吃紧。朱由校却听信谗言，杀死了有谋略的辽东经略熊廷弼。从此后金势力不断壮大，攻占了明朝的大片疆土。

▶ 明代铁红夷型火炮

面对内忧外患，朱由校依然只顾玩乐，公元1627年，在客氏和魏忠贤陪同下，朱由校在宫中西苑乘船游玩，不慎掉到水中，差点淹死，虽然被人救了上来，却因此受了风寒，一病不起。

同年，明熹宗朱由校驾崩于乾清宫，终年二十二周岁，又一个短命皇帝。

▲ 明代乌沙翼善冠

九千岁魏忠贤

魏忠贤是明朝晚期有名的太监，北直隶肃宁人。因为他好吃懒做又好赌，结果赌得把钱都输光了，把女儿和老婆也都卖了抵债，最后干脆自己把自己阉了，想方设法进了宫，当了个太监。

魏忠贤在外面没混好，到了宫里却很走运。他非常善于投机钻营，先投靠太监魏朝，后来又投靠太监王安，然后又想讨皇帝朱由校的喜欢。魏忠贤摸透了朱由校的脾性，他一方面是离不开客氏，另一方面是离不开自己酷爱的木工活。魏忠贤暗中有了自己的计划。第一步就是讨好客氏，最后和她结为对食，和皇帝的奶妈成了一家人，魏忠贤就变成了皇帝的自己人，宫廷里的事情都由魏忠贤做主。掌握了宫中大权之后，魏忠贤又把魔爪伸向了朝中，他知道皇帝酷爱做木工活，因此凡是要向皇帝通报的事情，都要在皇帝正在干木匠活干得正起劲的时候说，朱由校往往不耐烦地说："我知道了，你照

知识链接

东林党

公元1604年，顾宪成、高攀龙等人开始在家乡无锡东林书院讲学，因为其名声在外，故而一些罢官废吏以及仕途坎坷的秀才进士等开始跟随他们在这里聚集。他们讽议朝政，批判宦官专权，因此遭到宦官及其依附势力的打击，渐渐二者形成激烈的党争局面。因为他们聚会的地点在东林书院，因此被称为"东林党"。

知识链接

杨涟

杨涟是明末著名谏臣，"东林六君子"之一。杨涟在当时恶劣的政治局面下敢于积极进谏，和魏忠贤斗法。无奈朝廷黑暗，最终他还是被魏忠贤陷害而死。

熊廷弼

熊廷弼是明代军事家。由于萨尔浒之战的失败，朝廷任命他为辽东巡抚。在任期间，他广筑城墙，积极调兵，主张以守为攻，并联合朝鲜牵制后金，使后金军一年多内不敢轻举妄动。

章办理就是了。"于是本来在皇帝手中的朝廷大权就落在了魏忠贤手里。

势力强大之后，魏忠贤就把自己的恩人魏朝和王安除掉，一人独掌宫中大权。然后，他又通过各种卑劣的手段，掌握了东厂的控制权，并出任司礼监秉笔太监，给皇帝的奏章，都要经过他的审阅。

按理说审阅奏章必须要识字，可是魏忠贤不识字，怎么办呢？魏忠贤有一个长项，就是记性好，他会找人研究奏章，给他讲，他把讲解的内容记下来，再加上自己的观点，再报告皇帝。皇帝忙着做木匠活，就让他看着办，于是他就可以按自己的意思处理朝廷的大事。

起初魏忠贤还是想和东林党的那些官员交朋友的，但东林党人不吃他那一套，魏忠贤受到鄙视，就开始和东林党人对着干。天启四年（1624年），给事中阮大铖（chéng）按照魏忠贤的意思，上书弹劾东林党人汪文言、左光斗互相勾结，祸乱朝政。接着，魏忠贤的徒党纷纷加入，趁机攻击东林党。而杨涟也弹劾魏忠贤，说他迫害朝臣和太监，迫害后宫的嫔妃，畜养内兵，罗织冤案，一共列举了二十四条罪状，朝中大臣也纷纷上书弹劾魏忠贤。魏忠贤看到自己一时难以取得胜利，就找到阁臣韩爌（kuàng），希望他从中调停，但是韩爌不同意，大臣们也不愿意放魏忠贤一马。

于是魏忠贤一定要在斗争中取胜。他首先选择汪文言为突破口，因为汪文言曾经和王安有交情，作为内阁中枢，他和左光斗、杨涟、赵南星、魏大

中都有来往。魏忠贤把他关进监狱，严刑拷打了两个多月，让他说出杨涟受贿的事情，但是汪文言宁死不屈，最后在重刑之下气绝身亡。

负责审讯的锦衣卫许显纯于是制作了假口供，借此把杨涟和辽东兵部尚书熊廷弼抓进监狱，天启五年（1625年），熊廷弼被斩，传首九边。相继被抓的还有左光斗、魏大中、顾大章，这些人在狱中受尽折磨，最后都被害死在监狱里。受杨涟案牵连的官员不计其数。魏忠贤一党的所作所为也激起了民愤，在魏党中人去抓周顺昌的时候，苏州的民众聚集起来为周顺昌乞命，受到打压后，民众奋起反抗，打死一人，打伤数人。最后魏忠贤镇压了民变，抓住市民颜佩韦、马杰、沈扬、杨念如以及周顺昌的轿夫周文元五人，全部处死。苏州人把他们合葬在虎丘附近，墓碑题为"五人之墓"。后来张溥写了《五人墓碑记》来纪念他们。

魏忠贤一时权势熏天，自称"九千岁"，天启五年以后入阁的大臣基本上都是魏忠贤的党羽。魏忠贤不仅收买地痞流氓小混混当干儿子，还收罗朝中官员和地方官员，一时党羽遍布，号称"五虎""五彪""十狗""十孩儿""四十孙"。这些魏忠贤的干儿子们为了讨好魏忠贤，在全国各地为他建"生祠"，甚至在国子监也为魏忠贤建了生祠，和孔子并列。

天启七年，明熹宗朱由校病死了，信王朱由检继承皇位。朱由检当上皇帝后，先把客氏赶出皇宫，然后又把魏忠贤发配到凤阳守皇帝的祖陵，还没到

知识链接

"九千岁"

古代皇帝作为九五之尊通常被称作是万岁。而九千岁仅低于万岁，其权力可想而知。历史上让别人称呼他们为九千岁的人总共有两个。第一个是明代的宦官魏忠贤，第二个便是清朝后期太平天国起义里的东王杨秀清。

魏朝

魏朝是司礼监秉笔太监王安的下属，历经万历、泰昌、天启三朝的一位太监。

因为魏朝多次向王安推荐魏忠贤，魏忠贤由此得到了王安的赏识，魏忠贤得势后和魏朝结拜为弟兄。后来因为矛盾，魏忠贤假借皇帝口谕，将魏朝发配到了凤阳。

凤阳，皇帝又派人把他抓回来治罪。魏忠贤得到消息，知道新皇帝不会放过他的，干脆就自杀了。

明朝最后的皇帝

公元1627年，已故皇帝朱由校的弟弟朱由检登基，年号崇祯，他是明朝第十六位皇帝，也是最后一位皇帝，史称明思宗。

朱由检很聪明，他很清楚当时朝廷上下只听大太监魏忠贤一个人的话，虽然现在他是皇帝，但是力量没有魏忠贤大。

魏忠贤见新皇登基，就想用过去对付朱由校的方法来对付他，他给崇祯皇帝送去四个美女，还附带了迷魂香。可是崇祯皇帝不好色，不仅没动四名美女，还把迷魂香给搜出来毁了。

崇祯皇帝对魏忠贤始终很客气，弄得魏忠贤越发看不出皇上想做什么，干脆再来一招，他提出了辞职。崇祯皇帝当天就亲自召见了他，还告诉了他一个秘密：天启皇帝在临死前，曾对自己说，要想江山稳固，必须信任魏忠贤。这下魏忠贤感动了，原来崇祯皇帝对他的尊敬都是真的，这还有什么好担心的。他就打消了顾虑。其实崇祯皇帝的这一切都是权宜之计，他在等待时机，时机一到，他一会儿都不想再

知识链接

山海关

山海关位于今河北省秦皇岛市东北处，是明长城的东北关隘之一，明洪武年间开始建造，因其依山襟海，故名山海关。山海关有四座主要城门，周长约4千米，是一座小城，加上坚固的防御建筑，有"天下第一关"的美誉，与万里之外的嘉峪关遥相呼应。

▼ 皇太极调兵木信牌

看到这个不知羞耻的太监。

魏忠贤自己坐不住了,他上书要求皇帝取消各地为他歌功颂德给他建的生祠,皇帝顺水推舟:"已经建起来的就算了,没建的就停止吧。"敏锐的官员们发现了政治的新动向,纷纷想着如何保全自己:有投机的,有不动声色的,有冒死直谏的……御史杨维垣弹劾崔呈秀美化魏忠贤,朱由检罢免了崔呈秀,掀开了倒魏大幕。于是，弹劾魏忠贤的奏章接二连三地出现，海盐县贡生钱嘉征上疏，列举魏忠贤的十大罪状，要求朝廷惩办魏忠贤。

魏忠贤害怕了，再次主动提出辞职，这次朱由检同意了，还把他发配到安徽凤阳守明朝的祖陵。但是魏忠贤是过惯了有权有势的生活的人，在发配的路上竟然带着一千多名士兵，拉了四十多箱金银财宝，浩浩荡荡地走了。这下崇祯更生气了，命令锦衣卫再次把他缉拿回京问罪。在回北京的路上，魏忠贤感到罪孽深重，走投无路，就在一个旅馆里自缢身亡了。

收拾了魏忠贤，崇祯皇帝把他的徒党二百多人，处死的处死，流放的流放，为被魏忠贤迫害的人平反，重新起用被魏忠贤罢黜的官员，起用袁崇焕为兵部尚书，赐尚方宝剑，让他担负起收复全辽的重任。

自崇祯元年（1628年）起，北方大旱，绵延千里，寸草不生；崇祯三年，陕西大饥；崇祯六年，陕西旱蝗；崇祯十一年，十二年，十三年，十四年，河南年年旱灾饥荒，百姓连地里的草都吃完完了，然后吃树皮，吃观音土，甚至易子而食。崇祯十四年起，各地瘟疫爆发，一夜之内，百姓逃亡，十室九空，北京城人口死亡近四成。在这种社会状况下，各地百姓流亡，盗匪并起，民变不断。饥民都投奔高迎祥、李自成领导的农民起义军，农民大起义的烽火燃遍全国。

为了消灭农民起义军，崇祯派兵征讨。但是他生性多疑，不断地更换将领，再加上起义军英勇善战，崇祯一直没能把李自成的农民起义军镇压下去。

内忧未除，外患又来，后金的大汗皇太极不断

▲ 明思宗

知识链接

生祠

生祠指为活人修建的祠堂，始于西汉。一般是德高望重的人才会有生祠。

明朝天启年间，太监魏忠贤把持朝政，权倾朝野，于是那些巴结他的人就纷纷开始为他立生祠，据说当时他的生祠遍布天下。

带兵入侵，崇祯二年，崇祯中了皇太极的反间计，冤杀了袁崇焕，为皇太极杀进北京扫除了阻碍。

崇祯十五年（1642年），松山和锦州被攻破，洪承畴降清（1636年后金改名为大清）。崇祯皇帝本来想和大清议和，可是兵部尚书陈新甲不慎把朝廷要议和的秘密泄露出去，要面子的崇祯皇帝处死了陈新甲，议和的事也没人敢提了。

农民起义军在这时也获得了很大发展。崇祯十六年正月，李自成攻克襄阳，崇祯十七年三月一日，李自成攻陷大同，直逼北京。崇祯皇帝还想调兵抵抗，可

"闯王"李自成

是已经晚了,三月十五日,李自成的军队包围北京,明王朝面临灭顶之灾。

崇祯皇帝知道自己走投无路了,于是召集大臣,命令把太子和皇子们送到外戚家避藏,然后逼迫皇后和嫔妃们自尽,自己亲自用剑砍杀了公主。

十九日凌晨,李自成军已经攻入北京城,皇帝朱由检在前殿鸣钟召集百官,却无一人来上朝,那些官员早都或逃跑或躲藏。朱由检愤恨地说:"明朝的天下,都是被奸臣所误,才至于此。"随后,他在煤山一棵歪脖树上自缢身亡,死的时

候只有35岁。崇祯去世后，明朝二百多年的统治至此终结。

明朝的几个藩王相继在南方被拥立为皇帝，在历史上被称作南明。可是南明诸帝无法挽回明朝灭亡的大势。1661年，清军攻占云南，南明最后一位皇帝桂王朱由榔（又称永历皇帝）逃往缅甸，1662年被缅甸送交清军，不久被清军杀害。朱明王朝复国的最后希望也化为泡影。

> **知识链接**
>
> **煤山**
>
> 煤山即现在的景山，原为元、明、清三代的皇家御苑。崇祯皇帝在此自缢而亡后被李自成军队发现，在京城示众，然后被抬到天寿山脚下的田贵妃墓中合葬，后被清军葬入思陵。

不一样的袁崇焕

袁崇焕，字元素，广东承宣布政使司广州府东莞县（今东莞市）人。万历四十七年（1619年），袁崇焕中三甲第四十名进士，任福建邵武知县。在任期间，他处理冤狱，为百姓做了很多好事。虽然是文官，袁崇焕却对军事感兴趣，尤其关心辽东边境的局势，遇见退伍回来的士兵和老军官，就要向他们打听明朝和后金的战事。因此袁崇焕虽然身在南方，对辽东边境的战事却了如指掌。

天启二年（1622年）到京述职时，袁崇焕被推荐当上了兵部职方司主事。这时辽东形式越来越紧张，努尔哈赤已经攻克了抚顺、铁岭、清河、沈阳等地。天启皇帝朱由校也很害怕，他拉着内阁大臣叶向高的衣服，哭着让他想办法，朝中的大部分官员都畏缩不前，袁崇焕却在这个时候毛遂自荐，自动请战。

▲ 努尔哈赤

同年,袁崇焕自己一个人骑着马到关外视察了一番,回来对大家说:"给我军马钱粮,我一个人守关就足够了。"大臣们都很高兴,朝廷拨给他二十万军饷,让他自己招募士兵去守关,在出发前,他去看望停职在家的原辽东经略熊廷弼,和他商量如何防备后金的军队。不久,袁崇焕就形成了自己的想法。到任后,袁崇焕上书《天启二年擢佥事监军奏方略疏》,请求选兵选将,整械造船,主张不仅要守住山海关,还要恢复失去的土地。在这种以攻为守的策略指导下,袁崇焕在山海关外修筑了一批城池,每个城池里都有士兵驻守,这样不仅收复了关外的一大片土地,还加强了东北边境的防御。

袁崇焕

可是不久朝廷派兵部尚书高第经略辽东。高第是个二百五,他认为关外根本守不住,不如把兵撤回山海关里,关住门就可以了,于是他命令锦州、右屯、松山、杏山等处的兵马全部撤回。袁崇焕使劲劝他也不听,但是袁崇焕坚决不肯放弃宁远,就自己亲自带兵防守宁远城。天启六年正月十四,后金努尔哈赤来犯,袁崇焕听到消息,和祖大寿、满桂一起召集将士守卫宁远。努尔哈赤自称带了三十万大军,让袁崇焕投降,袁崇焕将敌情早已摸得一清二楚,他对大家说,努尔哈赤说的三十万是虚报的,其实只有十三万而已,我们修筑宁远是用来坚守不是用来投降的。于是袁崇焕命令士兵准备好火枪大炮,后金军冲上来就开火,从早上到晚上,后金军队死伤无数,还是毫无进展,连努尔哈赤本人也受了伤,并且在当年九月三十日死于新城沈阳。这就是史上有名的"宁远大捷"。

天启七年,努尔哈赤的继承者——皇太极发兵进攻宁远、锦州,当时太监纪用、总兵赵率教负责防守锦州城,皇太极攻城数日,伤亡惨重,一无所获。时任辽东巡抚的袁崇焕派人送信给纪用和赵率教,假说援兵马上就到,被皇太极截获,于是皇太极信以为真,收缩兵力,等着迎击明朝的援军。等了几日,援军没到,后金军却疲惫不堪。皇太极留一部分兵力围困锦州,自己带一部分兵去打宁远。这时防守宁远的还是袁崇焕,后金军和明军在宁远城展开了激烈的战斗,战事惨烈,双方各有伤亡,明军的大炮把后金的大营都打飞了,皇太极的几个儿子劝皇太极撤退,皇太极怒喝:"当年太祖攻宁远攻不下来,现在我攻打锦州也攻不下来,这样野战的兵都打不过吗,怎么扬我国威!太丢人了!"但是丢人他也打不下来,

皇帝将剑赐给大臣,大臣就可代表皇权,先斩后奏

打了宁远又打锦州,来回地打了二十多天,硬是打不下来,没办法,皇太极命令撤兵。这次战役也称"宁锦大捷"。

朱由校死后,崇祯皇帝朱由检即位,他在平台召见袁崇焕,袁崇焕慷慨陈词,说自己五年之内就能恢复辽东,皇帝大喜,赠他尚方宝剑,便宜行事。

可是这次没等袁崇焕恢复辽东,崇祯二年(1629年),皇太极绕道蒙古,避开袁崇焕的防区到达遵化、三屯营,京师震动。虽然袁崇焕是主管山海关防务的,但是作为蓟(jì)辽督师,对于整个蓟辽地区他都是有责任的。他赶忙部署:第一,严守山海关;第二,严守京师要道;第三,严守京畿(jī)地区,然后命令赵率教率领四千兵马急救遵化。在城外赵率教遇到埋伏,中箭身亡,遵化由于内奸纵火,城破陷落。

不久,皇太极率兵直逼北京城,袁崇焕亲率督总兵祖大寿、副将何可纲,疾驰入关,保卫北京。他率兵往通州进发,力图把皇太极拦截在通州,但是皇太极又绕开通州取道顺义、三河,逼近了北京。这时,按理说袁崇焕未经皇帝颁诏是不能入京的,副总兵周文郁也让他守在城外,但是袁崇焕说:"君父有急,还顾得了这么多?如果能救北京城,死了又怎么样呢?"他这么想,但是朝中的大臣和皇帝却不这样想,他率重兵返回北京,身后还带来这么多后金的兵马,谁知道他是不是跟后金有勾结?但是现在情况危急,袁崇焕管不了那么多了。

他带领九千铁骑兵赶在皇太极之前到了北京城

▲ 皇太极像

知识链接

尚方宝剑

尚方剑,即皇帝御用的宝剑,有时候也被赐予皇帝信任的臣子。持有尚方宝剑的大臣往往具有先斩后奏等代表皇权的权力。

除了尚方剑,皇帝还可赐予臣子符节、丹书铁券、黄马褂等。

下,第二天,北京保卫战就打响了。在德胜门外,大同总兵满桂和宣府总兵侯世禄的勤王部队迎击皇太极亲率的大军;在广渠门外,袁崇焕率领的九千关宁铁骑也和后金大军展开了激战。袁崇焕身中数箭,他的军队杀敌无数。之后,袁崇焕派五百名火炮手,秘密跑到距离皇太极军营一里多的地方,四面攻打,皇太极军大乱,只好带兵撤离。京城解除了围困。

梁启超曾在《袁崇焕传》中大力赞赏袁崇焕,认为袁崇焕作用巨大,是当时能够影响国家安危、民族兴亡的重要人物

明朝灭亡 | 不一样的袁崇焕

　　北京保卫战结束,没料想解围的袁崇焕却被逮捕入狱,罪名是投敌叛国,引狼入室。原来后金的大汗皇太极使用了反间计,故意装出和袁崇焕派来的人密谈的样子,让两名被俘的明朝太监隐约听到,让他们误以为袁崇焕和皇太极勾结,要配合清军进攻北京,还故意给这两个太监逃跑的机会,两名太监逃出来赶忙告诉了崇祯皇帝。

　　崇祯皇帝很昏庸,他忘了自己在《三国演义》里读过的蒋干中计,让曹操杀死蔡瑁、张允的故事,居然对此深信不疑。崇祯三年八月,袁崇焕被处以残酷的凌迟之刑。

　　袁崇焕在行刑前,毫无惧色,念出了自己的遗言:一生事业总成空,半世功名在梦中。死后不愁无勇将,忠魂依旧守辽东。

闯关小测试

➡ 1. 率领大军在朝鲜大败日军的明朝将领是（　　）
　　A. 李成梁　　B. 李如松　　C. 李如梅

➡ 2. 喜欢做木工活的皇帝是（　　）
　　A. 朱由校　　B. 朱由检　　C. 朱由榔

➡ 3. 被称为九千岁的大太监是（　　）
　　A. 王振　　B. 刘瑾　　C. 魏忠贤

参考答案:1.B 2.A 3.C

历代帝王世系表

明

明

/ 1368 — 1644

太祖 （1368 — 1398）

惠帝 （1399 — 1402）

成祖 （1403 — 1424）

仁宗 （1425 — 1425）

宣宗 （1426 — 1435）

英宗 （1436 — 1449）

代宗 （1450 — 1457）

英宗 （1457 — 1464）

宪宗 （1465 — 1487）

孝宗 （1488 — 1505）

武宗 （1506 — 1521）

世宗 （1522 — 1566）

穆宗 （1567 — 1572）

神宗 （1573 — 1620）

光宗 （1620 — 1620）

熹宗 （1621 — 1627）

思宗 （1628 — 1644）